"新教育"系列丛书

# 童年密码：
# 从理论到实践，探看华德福教育

[英] A. C. 哈伍德 著

温 鹏 译

西南交通大学出版社
·成 都·

图进字 21-2019-294 号

Copyright © by The Myrin Institute
Translated and Printed in Chinese with Permission from The Myrin Institute
ALL RIGHTS RESERVED
本书由人本教育平台"天使在线"组织翻译和策划出版

---

**图书在版编目（CIP）数据**

童年密码：从理论到实践，探看华德福教育／（英）A.C.哈伍德著；温鹏译. —成都：西南交通大学出版社，2020.1
（"新教育"系列丛书）
书名原文：The recovery of Man in Childhood
ISBN 978-7-5643-7239-2

Ⅰ. ①童… Ⅱ. ①A… ②温… Ⅲ. ①学校教育–研究 Ⅳ. ①G4

中国版本图书馆 CIP 数据核字（2019）第 266731 号

---

书名原文：The recovery of Man in Childhood

"新教育"系列丛书

Tongnian Mima：
cong Lilun dao Shijian，Tankan Huadefu Jiaoyu

**童年密码：**
从理论到实践，探看华德福教育

| | | |
|---|---|---|
| [英] A.C. 哈伍德 著 | 责任编辑 | 居碧娟 |
| 温 鹏 译 | 封面设计 | 原谋书装 |

| | | | | |
|---|---|---|---|---|
| 印张 | 13.75　字数　189千 | 成品尺寸 | 170 mm×230 mm | |
| 版本 | 2020年1月第1版 | 印次 | 2020年1月第1次 | |
| 出版 | 西南交通大学出版社 | 地址 | 四川省成都市金牛区二环路北一段111号 西南交通大学创新大厦21楼 | |
| 印刷 | 四川煤田地质制图印刷厂 | 邮政编码 | 610031 | |
| 网址 | http://www.xnjdcbs.com | 发行部电话 | 028-87600564　028-87600533 | |
| 书号 | ISBN 978-7-5643-7239-2 | 定价 | 45.00元 | |

图书如有印装质量问题　本社负责退换
盗版举报电话：028-87600562

"当我是小孩子的时候,我会像小孩子那样讲话,我会像小孩子那样感受,我会像小孩子那样思考。"

# 序

每一天，我们都在遇见未来，未来就在我们作为家长养育的、作为教师教育的孩子身上。

然而，在这个日益信息化和科技化的时代，我们是否能真实地了解孩子，懂得孩子的需求，从而支持他们的健康成长？

科技化与网络化让我们的生活更便利、轻松，也创造出各式各样的新的娱乐方式，但也让我们越来越远离大自然与真实，缺失对生命的真实体验。当我们愈加迷失在"虚拟"的世界中，又怎能在柴米油盐点滴生活中清晰感知孩子的需求，并滋养到孩子心灵与生命力的发展？

"儿童的道路"是"人的成长道路"的本质的第一步。人类的出路不是把人更强地和人工智能连接在一起，甚至把人的大脑都和万维网计算机连接在一起，而是让人类的人性变得更强！只有这样，计算机才会成为我们的工具而不是主人。面向未来的教育需从整个宇宙出发去思考和探寻人的本质，去实践和追求人、自然和宇宙的生态平衡，实现"让孩子真正成为他/她自己"的目标。

中国传统文化系统揭示出天人合一的本质，我们通过恰当地研究鲁道夫·施泰纳给世界带来的那些真知灼见也能明白这一点。华德福教育发展了100年，它很多的教育方法和理念与中国传统文化的教育精髓和本质不谋而合。通过引入健康合适的海外教育经验智慧，会帮助我们更深刻地回归到中国深厚的文化根基，更清晰地帮助我们更好理解自己，理解孩子，实践面向未来的教育。

因此，我们特别发起"天使在线「未来书社」"公益项目，聚焦于华德福与人本教育书籍的翻译与出版，以更好推动基于"中国魂"的人本教育的发展。该项目已经运作了一整年，现在第一批书籍在大家的携手努力下在国内正式出版，包括《童年密码：从理论到实践，探看华德福教育》《一场创越时空的探险：原来孩子可以这样学历史》《青春的旅程，让文学照亮成长之路：华德福高中的文学课》。

《童年密码：从理论到实践，探看华德福教育》是一本关于华德福教育的经典著作，第一版于 1958 年推出，2001 年在美国重印第二版。本书富有新鲜的启发与洞见，被视为全球最全面、最系统的华德福教育介绍类书籍之一，尽管写作时间较为久远，但现今仍广为学校和家长所推崇。

本书围绕孩子发展的三个七年（0~21 岁）系统展开，内容包括：身体与意识的关系；自我意识的发展；儿童成长的重要阶段与核心；从出生到高中，各个年级孩子的发展特点与养育；气质类型；青春期；各个学科的特点与教学；家庭与学校环境的重要性；教师的品质；等等。

从华德福的基础理论到各年龄段的养育和教学实践，书中都给出了详尽的讲解，强烈推荐给广大教师和家长们（无论新教师还是资深教师，还有那些正在思考教育并想了解华德福的父母）。

在此，特别感谢推动本书在中国出版的 George Russell 教授，百忙中写序的 Ben Cherry 老师和译者温鹏老师；特别感谢"天使在线「未来书社」"的所有成员（资深译者、校对和志愿者）；特别感谢西南交通大学出版社给予支持，让经典著作得以与中国的朋友们见面……

期待与你们同行，继续为基于"中国魂"的人本教育探索与努力！

天使在线

2019 年 11 月 26 日

# 推荐序

这本沁人心脾的华德福教育经典终于同中国的家长和老师见面了,真让人高兴!哈伍德(A. C. Harwood)是一位先驱,将近一个世纪以前,他通过自己内在的承诺和不渝的意志让这种教育开始在英语世界扎根。如今,全世界的华德福学校都建立在他那一代人在欧洲和西方文化生活中打下的基础之上,而现在该轮到东方让这同一棵实用的、智慧的、充满真知灼见和亲切的常识的大树伸出新的枝条了。

在这个过程中,我们还需要认识到,鲁道夫·施泰纳(Rudolf Steiner)的教育理念对教育思维的影响比人们以为的要深远得多。如今世界各地的人们普遍认识到,比如说,各种艺术对学习过程的重要性,以及我们需要认识到不同孩子的独特的学习方式。

而尚未被人们普遍认识到的是,教育本身也是一门艺术,一种持续不断的呼吸过程,这种呼吸体现在群体与个体之间、老师的权威与学生的主动努力之间、学习与运动之间、沉默与欢笑之间,等等。这一点不仅在本书当中,而且在哈伍德的另一本著作《儿童的方式》当中都有论述,四十多年前我正是读了那本书才入了华德福教育的门。它鼓舞我不畏路途遥远,踏上了成为一名老师的漫长旅程。

在两本书当中,哈伍德都展示了大道至简的真理。他对儿童时代的富有诗意的生动描述来自他对教育的毕生奉献,就像清澈的山泉一样,洗涤着我们被世俗拖累的灵魂,给我们带来新的能量和意义。我们可以清晰感受到他对儿童时代的热爱和尊重。这一点恰恰来自鲁道夫·施泰纳,他是开创这种教育方式的天才,这种以孩子为中心的崇高的教育理想。他指导过的那些最早的学校里的孩子们都热爱他,因为他理解他们,即便最难教的孩子也一样。

因此，在和孩子的工作当中，最重要的是我们内在的态度，而这又取决于我们对现代世界当中孩子的成长过程的理解。假如我们认为小孩子只是成年人的缩小版，或者一种有智力的动物，或者一种预先被设定好可以接受成年人的思想和习惯的生物机器，那么我们就会根据这种认识来对待孩子。同样道理，如果我们认为生活是一种残酷的竞争，在这种竞争当中只有最强大的个体才能生存，那么这种认识也同样会决定我们的工作方式。

而假如我们认识到，每个人都有一个独一无二的、持续一生的精神成长旅程，而儿童时代是这个旅程必需的第一阶段，那又会是多么不同。并不是要针对现代世界给孩子们提供过分的保护，而是要认识到他们进入这个世界的自然的方式，循序渐进而又间杂着飞跃，同时还伴随着这个阶段的生命所特有的创造的喜悦。这套教纲由鲁道夫·施泰纳开创，并且经过了全世界各个文化领域的其他先驱的实践发展，它是一个有机的、充满艺术性的过程，可以引导人生从这个必需的儿童时代走向成熟的成年。

因此，要想让孩子们为未知的未来做好准备——关于这个未来我们可以肯定的只有一点，那就是它会和现在完全不同——关键就在于理解儿童时代、青春期以及事实上整个人生的成长过程，并且真正地感受到当今这个关键的演进时代里人类需要努力发展出来的能力是什么。

在施泰纳的几千次讲座当中，有一次他讲到了在我们入住到我们从父母那里遗传来的这个身体的过程中所经历的那些"悲剧"和"折磨"，尤其是在这个现代的时代。如果我们新买的手套不合手，他说，我们会"把它扔掉"，而我们遗传来的身体对每个人的独特的精神来说也可能会不合适。但我们的孩子们——至少大部分——不会把它扔掉。反之，他们会同自己入住进去的这些精神的和身体的力量进行斗争，并且竭尽全力（当然是无意识地）对它进行转化，把它变成他们生命真正的"家园"。他们的许多情绪爆发和发烧类的疾病都是这种对遗传来的身体的伟大的转化工作的征兆，这种转化会贯彻到物质身体的最深层。

这第一个过程的最后一步就是把身体最坚硬的物质推出来——换牙。换牙标志着新阶段的开始——哈伍德对此描述得非常精致，这些实现转化的相同的力量现在可以用于其他的任务——跟老师学习的任务！人的成长由许多阶段构成，每个阶段大约持续七年，换牙是第一个阶段的高潮。每个阶段当中都有机会在不同层次上实现个性化的自我转化。

本书对第一个七年阶段结尾的叙述不如第二个阶段的结尾从儿童向青春期过渡的过程那么详尽。然而，如果我们采用本书从头到尾都很明显的那种清新的思维和观察方式，就可以很明确地领会到。从幼儿园到小学的那个转变也是很敏感、很重要的，不亚于初中到高中的那个转变。在这二者之间有几个微妙的转折点，这些转折点我们在自己养育子女和教育学生的经验当中也能意识到。

这种看待儿童时代与教育的方式会给我们带来多少新的希望和可能性啊！我们的儿童时代不再是一种孤立的、一种与后面才出现的"现实生活"割裂的阶段，我们的生命重新变得完整了。在出生和死亡之间的这出伟大的戏剧的每一幕当中，人生旅途的这种完整性都会以不同方式展现出来。"儿童的道路"是"人的成长道路"必需的第一步。

如果从这种更大的背景出发去考察的话，如今这个时代老师们面临的巨大压力、家长们的焦虑以及所有这些力量的冲击造成的矛盾就都会呈现为能量的错位。秘密在于在我们里面找到那仍然活着的小孩和少年——他们曾经是我们体验世界的全部方式——并让他们来引导我们完成任务，与今天的孩子们和青少年们建立连接。从这个意义上讲，哈伍德的书实在是宝贵，因为最重要的，他给那儿童时代带来了新的生命，让它在每个孩子里面以一种个性化的方式呈现了出来。

施泰纳教育的本质是不断成长的人性，以及如何把它注入子女养育和教育的每个环节当中并为它赋予新的生命，让他们健康成长，不仅智力方面，而且包括情绪、运动、社交、艺术和道德方面，这是个宏大的图景。

然而，对儿童和青少年实现有意义的理解是困难的，如今这方面的挑战甚至比六十年前本书首版的时候更严峻。可以说，成年人与孩子之间的鸿沟从来没有像现在这么巨大过。

于是这就关于哈伍德的著作提出了三个重要问题，现在我们来考察一下。第一个是，过去六十年当中文化与科学领域发生了巨大的变化，经过所有这些巨大变化之后，那个关于儿童时代和青春期的图景是否仍然中肯。第二个是，它在东方——尤其是在中国社会——是否也具有在西方那样的重要性。第三个是，在这个空前复杂和危险的世界里，它多大程度上能帮助我们解决人类面临的各种迫切问题。

如今这个关于儿童时代和青春期的图景是否仍然中肯？

要想真正回答这个问题，我们就必须先理解，鲁道夫·施泰纳在他的研究中都遵循着任何现代科学家所应该遵循的那些内在原则和客观性。在歌德开创的全息科学方法的基础之上，他进一步超越了那种把研究对象与其他一切孤立开来的简化主义的做法。他努力把它放在整体的背景下，并且联系观察者的人的观点和思维感知方式来加以研究。

这会让我们超越纯物质和机械的界限，从而把注意力放在生命的世界，放在生发和消亡的过程上。它还会让科学过程坚定地回到以人为中心的立场上，召唤我们每个人都留意，我们都把什么样的假设和潜意识动机注入了对现实的体验当中——尤其是课堂的教学当中。

施泰纳从来都希望别人不要简单地相信他的发现，而是用他们自己的观察和见解去检验它们。正是因为这个原因，所以他才鼓励老师和家长们出于对孩子们的学习和成长方式的纯粹尊重去观察他们身上实际发生着的事情——并且通过这种观察来洞悉每个孩子的真正需要。这样，我们就能学会逐渐信任自己不断萌发的科学家的能力，但是我们还需要同事们的观点，以便能针对每个孩子都获得一个更全面、更平衡的图景。

必须再次强调，这个过程需要高度的自我约束，因为我们总是忍不住想要把我们自己的希望、恐惧和僵化思想掺杂到我们观察的对象里面去。

正是因为这个原因,所以主流教育才选用那些只有一个正确答案的各种问题来对孩子们进行评估。这种"对-错"方法也可以纳入施泰纳教育当中,但仅仅作为评估孩子的进步程度的许多种方式当中的一种。

通过这种方式——同时也通过从自己的错误中来学习——我们就能认识到,施泰纳自己对各个存在层次的研究也不是僵化不变的。只有在实践当中,当我们活在那个知识里面而不是仅仅教条式地重复我们从别人那里听来的东西的时候,它才是真实的。

在这里,我们有一把金钥匙,不仅适用于一切教育而且事实上适用于生活本身——专注当下!作为老师,我们必须事先备好课,但要想让我们的教学拥有生命,并且触动孩子们的情感和意志,那么我们就同时要具有自发的勇气。这是教育当中永恒的呼吸过程的另一个方面——在形式与创造力之间、在预先计划与当下即兴之间的呼吸。这会给我们的教学插上翅膀,并且改进孩子们的记忆。

也恰恰因为这一点,所以这种教育才能够适应各种文化和生活情形——不仅适用于条件完备的情况,也适用于贫穷和遭受过创伤的地方。它是一条路,而不是一套预设的公式,而它要求人们专注于自己当下的言语、感知、思想、情感和行动。它能激发我们每一个人发现自己里面隐藏的潜能,以及对人类成长的信任。

所有这些都要求我们作为成年人首先要镇定地、仔细地考察自己的能力和失败。而同时——我们还必须理解——这也能够激励人们出于纯粹的兴趣相互认可并且共同合作!在华德福学校,每个人都能学到东西,不仅仅是孩子。

哈伍德带我们考察了从早期儿童阶段一直到高中结束的整个过程,并且以一种非常广泛的方式对此进行了描述。他给我们的是鲜活的图景,给我们带来希望,让我们耳目一新,但他并没有让我们僵化在它们上面,而是努力把所有细节都变换到我们当代的情形当中,因为当然很多细节是属于那个时代和文化的。我们会从过去学习,但我们现在必须专注当下,并且主动地去感知正在从未来向我们走来的一切！

然而，假如我们吸收了本书当中浸透着的那种温暖、开放和求索的态度的话，我们就能逐渐学会解开关于如今的孩子和年轻人的谜题。为了实现这一点，我们也必须培养出自我评估的习惯，并且有意愿在需要的时候给出并接受真实的反馈。我们必须学会互相说对方的"语言"——不论和同事、父母、学者、政府官员，还是和这项伟大的恢复生机的教育工作中涉及的其他相关者。

这些教育理念在中国的文化背景下是否中肯？

许多人问，为什么这种教育及其背后的精神科学会在汉语世界吸引那么多的兴趣——当然也有人持怀疑态度。这个问题会有很多答案，但最有力的答案在于它和中国文化之间的关系。我的感受是，除语言和意象方面存在差异之外，二者在许多本质概念方面都是相互贯通的。比如，二者都有三元人的图景，人在天和地之间，并且与二者都有联系。

历史已经展现了，当这三层当中的任何一层出现了障碍或受到了污染，它就也会影响到另外两层。通过分离，我们意识到了我们的差异，这是必要的。然而现在我们面临着一个紧迫挑战，那就是如何通过一种全新的文化冲动在这二者之间建立起联系。肯定有某种东西可以在更高的层次上把它们统一起来。那种"东西"是一种思想，既古老又全新，既普适又绝对个性化——是关于人性的思想。这正是人智学精神科学在我们现代世界的使命，帮助发展出一种全新的、鲜活的、普适的关于自然存在及其对人类的本质意义的范式。如果它真是鲜活的，就能够在世界的不同地方通过千差万别的个体以不同的方式表达出来。

在老的世界里，每种文化都有自己的地位和尊严。在过去几个世纪当中，某种意义上它们都经历过某种死亡的过程。现在它们又都有重生的可能性，不是仅仅为着自己，而是为着整个世界和整个人类的丰富。在现代生活的混乱和艰辛当中，一种新的世界文化正在努力发展出来。而中国文化正在影响着这个过程，毫不亚于量子物理、现代电子通信。真正重要的是世界的背景，那总领全局的思想，正是在这种思想里面，所有这些领方面的冲动才能实现联系。

越来越多的人认识到，我们正处在一个十字路口，而我们选择的方向会深刻影响那日趋迅速逼近的未来。我们可以说，有三种世界图景正在角逐。其中两种已经提到。第一种是，世界许多地方倾向于逃避当今的世界危机并试图生活在过去。第二种是共同构建一种清新的世界范式，让我们的差异可以为整体带来丰富。现在我们必须留意第三条道路，它正在变得日趋强大而普遍，那就是人工智能的道路。

人工智能并不只是一种技术。它来自一种把人和整体存在看作无意义的、机械的、随机事件的序列的思维方式。在任何一种未来图景当中它都会扮演至关重要的角色，而本质的问题在于，人类是会成为它的仆人（这是一种实际的可能性），还是能够培养出足够强大和丰富的精神来把它当作工具？

很可能人工智能会以机器人、纳米科技、生物工程和超级计算机的形式完全接管教育过程，它们可以闪电般迅速地处理大量的信息，并把这些信息结合到自己的"思维""计划"和"通信"当中。然而，迄今为止科学始终未能实现的是，把这种空前的认知力量与人的价值统一起来。这里潜伏着一个可怕的危险。

人类真正迫切的责任是在我们努力成就的一切事物中都培养出一种新的道德力量。这是上述第二种范式的本质，并且它是建立在对各个存在层次上的人的潜力的体验式理解的基础上的。我们的世界形势在召唤我们发展出一种内在的、共享的实践，让我们能空前地更纯粹、更有效、更勇敢并且更人道地开展我们的外在工作。这也将在我们的组织当中带来新的社会能力和形式。

未来的出路不是把自己更强地和人工智能连接在一起，甚至把我们的大脑都和万维网计算机连接在一起，而是让我们自己的人性变得更强！只有那样，计算机才会成为我们的工具而不是主人。我们通过恰当地研究鲁道夫·施泰纳给世界带来的那些真知灼见就能明白这一点，那些真知灼见正是这种教育的人类学基础。

这些精神科学的发现与现代物理学、天体物理学、生物学、社会学以及其他科学的发现毫不矛盾。新的科学发现一次又一次地证实了他在一个世纪之前提出的内容。

假如我们把人类和我们置身其中的整个宇宙都看作一个高度复杂的机器的话，那么我们也会在那样的框架之内解读我们的所有发现。施泰纳的愿望是让人类脱离这种狭隘的思维模式的束缚而获得自由，并帮助我们重新和我们每个人里面蕴藏的那无穷的潜力建立连接。

这都取决于我们如何抚养和教育孩子，它会延伸为我们的内在态度以及思维与感知的清新方式，这些在我们整个一生当中都会不断成长。

华德福教育是一种中道。它既不是教条主义的，也不是混乱的。它是全人的道路，是头、心和手的道路。一条天与地之间的道路，一条通向未来、以知识为基础并且对过去深切尊重的道路。

所有这些都在哈伍德书中最后一段得到了总结，他在讲高中最后一年学习建筑的理由。他是这样说的：

> 因为建筑的终极秘密在于，它是从人的身体当中提取出来的。身体就是一座房屋、一座神庙，并且它是那一切形状和比例的源泉。要像住在神庙里一样住在身体里——这就是华德福学校在把孩子们送向世界的时候想要送给他们的终极的礼物。

Ben Cherry[①]
2018年10月31日于成都

---

① Ben Cherry：中国华德福教育的奠基人，为中国华德福教育的发展做出了巨大贡献。

## 关于术语的建议

本书大部分内容与华德福教育有关，第一所这样的学校是在斯图加特创办的，这种学校有的也以原创者的姓名命名为鲁道夫·施泰纳学校。

这种学校的特点是全面考虑了儿童的整个成长过程。幼儿班的年龄大约四到六岁。孩子们通常六到七岁上初小，由同一位老师从一年级一直带到八年级，到十四岁。此后是高中的四个年级，到十二年级结束，相当于英国传统的第六年级。

我感谢米林研究所让本书的写作成为可能。

——A. C. H.

## 关于代词的说明

本书写作于 20 世纪 50 年代，当时英语里的不定代词全都是"他"。在这次新版编辑当中，编辑认识到，要想把所有这些代词连贯地换成性别中性的表达方式不仅工作艰巨，而且会破坏原书的风格和特点。因此希望读者能把这部著作放在它的历史背景下考察，并且把重点放在发掘它仍然蕴含着的丰富的义理上。

——C. N.

## 目录

| | | |
|---|---|---|
| 第1章 | 前　提 | 1 |
| 第2章 | 成长与意识 | 5 |
| 第3章 | 身体与思维的三元关系 | 11 |
| 第4章 | 儿童时代的路线图 | 21 |
| 第5章 | 意识与自我意识 | 30 |
| 第6章 | 头七年 | 38 |
| 第7章 | 孩子的家庭与学校 | 50 |
| 第8章 | 儿童时代的核心 | 62 |
| 第9章 | 老师和孩子 | 76 |
| 第10章 | 小学低年级 | 87 |
| 第11章 | 九至十二岁 | 100 |
| 第12章 | 第十二年及以后 | 113 |
| 第13章 | 外　语 | 126 |
| 第14章 | 实践活动 | 132 |
| 第15章 | 音韵舞和音乐 | 138 |
| 第16章 | 气　质 | 149 |

| 第17章 | 青春期 | 161 |
| 第18章 | 高中九年级 | 168 |
| 第19章 | 高中十年级 | 178 |
| 第20章 | 高中十一和十二年级 | 187 |
| 译后记 | | 199 |
| 致　谢 | | 202 |

# 第 1 章　前　提

现代教育书籍已经有那么多了，任何人要想唐突地在这么丰富的库藏当中再添加一本的话，就必须有合理的原因。出版本书的正当原因是，它对当前越来越重要、越来越具有权威性的一场教育运动的背景进行了详细介绍。这个运动来自奥地利哲学家、科学家鲁道夫·施泰纳的工作，他的一生跨越了20世纪下半段，以及21世纪的前四分之一。他是在他所处的时代的知识当中浸泡出来的，然而他的天赋远远超越了那些知识，以至于他自己的时代都不容易认可他。因为命中注定，他就是会与众不同，成为艺术家里的科学家和科学家里的艺术家，在一个专家的时代成为一个通才，在仍然欢欣鼓舞的物质世界探索者当中成为一位精神研究者。许多人甚至都还不知道施泰纳在教育领域的工作已经促成了世界各地许多学校的创建；即便知道的人，对这种教育作为基础的关于人和儿童的理念也理解很少。[1]

但要想欣赏这些学校的努力，我们就必须不辞劳苦地（这种劳苦也是振奋人心而且值得的）研究施泰纳哲学的一些核心思想。因为从没有其他任何一种教育理论和实践结合得那么紧密。在这种教育里面，即便最小的部分也精确地反映出了有机的整体。然而施泰纳的哲学本身并不是从教育领域发展出来的。它是随着他丰富多彩的人生发展起来的。他又是在魏玛整理歌德档案，又是为柏林的工人学院做讲座，又是担任领先文学期刊的编辑，又是创办自己的学会并设计了一座独特的建筑作为学会的总部，而这座建筑或许可以被称为最具原创性的现代建筑。直到第一次世界大战结束的时候，施泰纳才在一位德国著名工业家的要求下进入了教育领域，创办了斯图加特的华德福学校，主要面向烟厂工人的子弟。而他的哲学直接介入的实践领域也不仅限于教育。大约同时期，农学家、医生、演员以及其他职业人士都去找施泰纳，希望他为自己的专业注入新的冲动。所有这些领域也都实现了类似的发展。

现代思维很难理解一个人怎么能有效地参与到那么多丰富的活动当中。用柏拉图的话来说，施泰纳是一位已经"升入思想王国"的哲学家，在那里可以发现所有事物的终极合一。也可以说，他用新的知觉形式和思维模式来应对所有这些领域的实践。在研究施泰纳的过程中，我们必须不断提醒自己，我们自己的知觉形式和思维模式只是在过去几个世纪当中才建立起来的，现在的世界和距我们不太遥远的祖先看到的世界是十分不同的，他们把太阳、月亮和各个行星看作是围绕在地球中心外面的天穹的边界的记号，他们会讲行星的"美德"和物质的"亲和性"，他们对物质及其各种力量没有任何数学的解释。不能说我们的时代是"正确"的，以前的时代是"错误"的，而是现代人类的意识与以前相比专注点不同，并且考察的模式也不同。恰恰是认识到过去发生的意识改变之后，我们才能敏感地觉察到新的思维和知觉的形式，这些新的思维和知觉形式有可能，并且事实上正在从我们对当前自然和人类的解读过程中产生出来。

施泰纳关心的正是这种新的思维和知觉模式。所以任何人要想解释他的思想，就都肩负着双重的任务。作者不仅必须要把新思想传递给读者，而且为了做到这一点，还必须为读者开启新的思维方式。在这个过程中，首先，读者必须理解艺术性和想象性思维的必要性，它不仅对诗歌或彩绘是必需的，而且对科学也是必需的。其次，形状的原则被视为最关键的、创造性的、控制性的力量，既适用于大自然的作品，也适用于艺术作品，并且一种新的、面向物质世界定性研究的科学正在发展起来，这种科学与当前的、以定量为基础的科学相比毫不逊色。

因此，自然而然地，施泰纳的教育哲学切中了现代教育的一个重大问题的核心——科学与艺术之间的相互关系。许多人的生活观几乎完全以科学为基础，而另一些人的生活观则局限于艺术或人文，这种现象当然是很可悲的。然而，让大家都同时接受当前意义上的理科和文科教育并不能解决这个问题。两个世界之间的张力转移了位置，但却仍然没有解决。只有当训练有素的艺术性的知觉成为自然科学方法的一部分，并且科学的健康的客观性能够渗透作为文科的生命基础的那些细微情感的时候，这种张力才能得到恰当的释放。艺术和科学之间的这种联姻，这种二者本质核心上的联姻，建立在人类体验的终极合一的基础上，这是施泰纳教育最重要的几个主题之一。

例如，施泰纳在生命领域发展出了转化变形的原理，这是他编辑歌德科研著作的时候开始研究的，而歌德是在鲁道夫·施泰纳之前的又一位天才，他也在科学和艺术领域都有杰出造诣。事实上，施泰纳关于儿童发展的叙述本身就贯穿着这个原理。他不认为儿童的思维成长来自相似的起点，但成长过程就像炼金术，一个品质会变成另一个品质，这种变化方式就像歌德讲到的植物从绿叶变形为彩色花瓣的过程一样。

在短短一章简介里面只能给出一个简单例子来说明施泰纳的思想，否则就有可能引起争论。即便仅仅提到这个变形的原理，也会造成施泰纳总是努力避免的一个风险——抽象的风险。因为必须强调，施泰纳关于儿童成长（以及其他方面）的理念都不是一般现代科学意义上的理论或假设。他是通过直接的、强大的体验感受到它们的。从外面观察一个过程和通过有意识的参与来认识这个过程是非常不同的。现代儿童心理学家采用的是前一种方式。他们发明了一整套技术，制造了最精密的仪器，用来从外面检查儿童。但每个人都拥有童年的一部分记忆，而且在里面无意识地承载着童年的各种体验。现代教育者从来不会想到通过练习和冥想来加强那内在的记忆的力量，以便让童年的各种忘却的体验和无意识的力量能够重新上升到有意识的、体验的层面。而据说施泰纳恰恰做到了这一点（以及许多其他类似的方面），所以他关于童年所说的内容都来自直接的知觉，而不是来自智性的理论。

要想进入他人的体验，需要的不仅是理解，而且还要有富于想象的同感。逻辑思想可以直接在思维之间传递。而体验的沟通则是艺术的事，它实在是有它自己的逻辑，但当它在思维之间传递的时候，总是会激起深深的情感品质。任何人如果在教育领域做这种尝试的话，就肯定会感受到，正如古代的诗人所说，需要那灵感的天分，并且，如果他要描述完整的儿童时代的话，那么他就会想要像荷马那样，用那虔诚的祈祷作为著作的序言："缪斯啊，歌唱孩子吧。"

注：

① 2000年，有804家华德福学校分布在51个国家，不算宪章学校和其他华德福方向的学校。

——编者注

# 第 2 章　成长与意识

考察儿童成长的各种复杂过程的方式多种多样，一本书里不可能全都讲遍，而即便只讲一部分，也得一个一个地讲。我们将从最明显的方面开始，那就是思维和身体的成长。

在一般教育理论当中，二者的成长基本上被视为连续而平行的，尽管心理学家的确注意到，在整体成长过程中似乎会出现一些退步的阶段。人们专门设计了许多心理学实验来确定儿童实现成年人的各种思维能力的年龄，以及儿童的学习是经验的结果还是只是发育成熟的结果之类的问题。某些活动会造成孩子人为的发育迟缓，例如某些运用四肢的特别方式，但是当限制条件解除之后，他们有惊人的能力可以迅速地跟上其他孩子——其实这也是预料当中的，只要实验不是过于极端。进行那样的实验不仅是不可原谅的，而且也是不必要的，因为有现成的许多儿童发育超前和发育迟缓的历史案例可供研究。

然而总的来说，如今的教育者会考察成年人的各种精神表现——思考、记忆、情绪，等等——并在儿童的生活中寻找它们的出现。我们会发现它们出现得有多迟，这就是这种观察的好处。比如，以简单数之类最简单的抽象思维形式为例，瑞士心理学家皮亚杰设计了实验来确定孩子们什么时候能把一定数量的瓶子、杯子、鸡蛋或蛋杯之类的物件和简单数字对应起来。他发现，四到六岁的孩子很少能够把六个瓶子和六个杯子，或者六个鸡蛋和六个蛋杯对应起来。而当他们在帮助下，或者在极少的情况下靠自己能够做到这一点的时候，又会出现一个更为奇怪的情况：如果二者数量不变，但是把瓶子摆放得比较密集，而杯子摆放得比较稀疏，并问他们现在杯子和瓶子的数量是否相同的时候，他们几乎无一例外地回答说现在杯子更多。如果调换过来，他们会说瓶子更多！总的来说，只有到六岁以后，孩子们才能认识到，瓶子和杯子的数量是一样的。

即便对孩子做这种简单的实验也是不好的，因为这个实验本身决定了你必须让孩子做一些对他们的年龄来说不自然的事情，要做这些事情，他们的思维还不够成熟。这就好像在他们的肌肉和韧带还不够强壮的时候就让他们举起过大的重物一样。但这却是实验心理学用来观察成年人能力在孩子身上出现情况的典型例子。

然而我们却可以换一个相反的角度来考察这个方面。童年时代既是失去能力的时代又是获得能力的时代。成长既是丧失又是收获。在某个孩子气的能力的丧失和某个成年的能力的获得之间存在不存在某种联系呢？或许考察丧失的过程可以帮助我们更好地理解儿童时代，比从成年人的基本立场去考察儿童更好。就拿一个能力举例——小孩子的模仿的天分。[①]每个人都知道小孩子会多么迅速而殷切地模仿周围的一切生活活动。孩子必须是和成年人做相同的事，而不仅仅是同类的事。如果你在敲锤子，你的小儿子肯定也在敲锤子。如果你放下锤子拿起锯子，他也肯定拿起锯子。的的确确，小孩子的生活的主要内容就是模仿周围的世界。

> 仿佛他们的全部事务
> 就是没完没了的模仿。

成年人也能模仿，但除非他是个天生的模仿家——这个词惟妙惟肖地揭示了模仿的起源，否则成年人模仿的能力比小孩子要差得多。然而重要的是，成年人模仿的方式和小孩子不一样：成年人会对模仿对象仔细观察研究，并且有意识地进行模仿。小孩子不是这样，他们是本能地模仿。从孩子的模仿力出发似乎可以推理，他们的感觉知觉是极其敏锐的，但我们知道不是这样的。小孩子常常听不到会让成年人吓一跳的巨大噪声；并且孩子常常很难看到沙发扶手上很明显的一枚顶针。粗糙的伪装，例如圣诞老人的棉花-羊毛胡子，都会让他们无法认出自己的爸爸。很显然，孩子的模仿力并不是建立在敏锐的感觉知觉基础上的。

让我们来考察一下这种模仿力的一个最伟大、最神奇的方面，孩子对言语的模仿。毫无疑问，当孩子学说话的时候，发挥作用的不仅仅是模仿，但没人会否认模仿扮演了重要的角色。小孩子会学习周围成年人的言语。失聪的孩子完全无法自然地学会说话。然而，如果孩子的模仿仅仅是复制，仅仅是再现出他所感知的事物的一个镜像，那么他就会像是鹦鹉学舌，而不是学会说话。事实上，小孩子会那么深地进入言语的本质，三至四岁的小孩就能够使用高度复杂的形态变化和词语组合来表达空间和时间当中的各种关系。这对青春期的孩子来说会是很困难的，他们都在痛苦地学习拉丁语法，他们会很难理解三至四岁的罗马小孩子就知道怎么运用变格和变位，根本不用在头脑里思考这些东西。在小孩身上几乎没有比语言的诞生更神奇的事情了。

很显然，在这里，智力是以一种成年人不理解的、不带个人感情的、轻而易举的方式发挥作用的。我们如何想象它的运作呢？孩子在学习的过程中，是在物质身体的四面墙里面体验到自己的个体性，通过感觉的门窗看到外面的世界，并运用头脑来思考世界告诉他们的内容。孩子尚且不是一个拥有自我意识的个体，孩子的意识会扩展到他的小身体的外面；他实际上会以一种成年人无法理解的方式活到自己的周围环境中去。他的思维和情感生命不是个人化的，而是和周围的人的生活、言语和行动紧密结合在一起的。因此他会直接地学会，而不用通过一个有意识的中介过程。他们处在一种不带个人情感的、梦幻的，甚至可以说睡眠的状态当中，他们的各种意识力量就住在自己的环境里。这种不带个人情感的意识（现代心理学家称之为无意识）具有的能力和智慧要比个人化的意识多得多。它不是一种原始或微弱的智力，而是一种微妙的、强大的智力，它能教孩子学会语言这种精密复杂的东西。

现代意识为我们每个人把世界分成了"我"和"非我"两个部分。如果我们认为这种区分在过去的时代也存在的话，那么我们就无法理解历史，也无法理解儿童时代。孩子的生活方式是直接参与到周围环境当中，列维-布留尔等人类学家正确地表达了，这种状态恰恰是早期人类的意识状态。一旦理解了这一点，我们就不得不修正我们关于孩子的思维和他们的社会行为的观点。从成年人的角度来看，小孩子是没有道德而又非社会化的。他不会和其他孩子玩耍，会拿走别的孩子的玩具，如果他足够强壮的话，他即便和别人待在一起也会只顾自己说话。但是从孩子的角度来看，非社会化的是成年人，他们有自己私密的思维和情感生活，却没有能力以一种无私的方式进入周围人们的言语的运动和形状当中去。

小孩子能够非个人化地活入周围的环境中，这和他们没有能力像成年人那样进行个人化的思维是相对应的。因为孩子的整个身体都充满了有机的生命力，而个人意识与有机生命活动之间是直接对立的。脑和神经系统恰恰是有机活动最少的地方，这也正是我们现代成年人意识的住所。我们的呼吸器官和消化系统里面是没有意识的，它们的任务是在对周围环境的模仿—吸收过程中构建和维护那种有生命的、有机的过程，而无需有意识地学习或思考——这和成年人的学习方法恰恰是相反的。这样一来，我们就可以做出一个初步的假设，他们的精神组织也同样是与成年人相反的。成年人的身体是个体化的、自我的。仅仅当那些器官出现异常或疾病的时候，意识才以疼痛的形式呈现出来。太多的意识会抑制生长的力量；太多的生长会阻碍意识的力量。童话里的小裁缝会很聪明，巨人则会很傻。大卫会通过智力征服歌利亚斯。

孩子没有成年人的智力，因为他的大脑仍然是可塑的，还在生长。成年人无法像小孩那样参与周围环境，因为他的个人化智力会把世界推开，让它变成思考和观察的对象。

从孩子在环境中的完全沉浸可以推论，环境对他的影响也同样深刻。成年人的个人化意识对环境有抵御作用。他有可能会被某种持续噪声刺激到愤怒的程度，但他的意识会阻止它穿透到那些有机过程进行着的无意识的领域。小孩子可能看起来根本没有听到那个噪声，但它已经深深地进入他的里面，乃至已经影响，甚至可能削弱或阻碍了他生长的力量。

领养的孩子长大以后和一位或两位领养父母之间常常惊人相似，从这个事实也可以看出模仿的力量有多深远。而驻外公务员在外国土地上抚养成人的孩子常常带有一些当地的血液。很多被归因于遗传的方面可能实际上是来自无意识的模仿，它甚至会影响到物质身体。

食物方面对孩子来说意识程度更强一些，孩子在这方面的体验也同样深远。作为成年人，我们只是在消化的第一部分、在嘴里才有意识。而婴儿却会用全身来品尝乳汁，直到手指和脚趾，这一点可以从它们欣喜的蹯动和伸展上看出来。当一个小孩子把手放在头顶说，"我已经吃到这里了"，他真的会感受到好吃的已经渗透了他的全身。

　　深入浸透孩子身体的不仅仅是物质的感官感觉。很令人欣慰，经过了一个时代的可以说是贫瘠的科学的卫生之后，母亲的生命对儿童健康的重要性越来越被人们重视。妈妈只要在那里，对孩子来说就是莫大的慰藉。假如她必须出差、不得不离开孩子，那么我们可能观察不到孩子外在的悲痛。分离那一刻，一小块糖果可能就能缓解一切焦虑，留下来负责照顾小孩的亲戚可能会写信给妈妈说孩子从来没有要过她。但如果观察敏锐的话，我们就会注意到，短短几天之后他就不那么茁壮了。一周左右之后他甚至会有点生病。成年人会在精神里感到亲爱的人的缺失，而孩子是在身体里面。②

　　因此，早年最好的环境就是一切鲜活的、人性的、与孩子有个人化联系的事物。随着科技发展，收音机、唱机之类机械的、非个人化的声音侵入了家庭，还有电视虚幻的图画，它的尺寸都是扭曲的，它会让人产生运动的错觉，从小孩子发展的角度来看，这些都是有害无益的。但这些方面留待后面某章讨论，届时童年时代的完整图景已经更清晰了，我们将更详细地研究早期的几年。

　　总的来说，必须要意识到，小孩子身体和思维的状态与成年人是完全不同的。在孩子身上是生长力量和非个人化的参与意识占优势；在成年人身上生长力量已经受到抑制，并且具有一种个人化的、主观的意识，它把世界当作客体来看待。我们首先要研究的就是前者向后者的成长过程的各个阶段。

注：

①　令人难以置信的是，有些心理学家否认儿童在模仿当中会默认他们的环境都是处于功能正常、组织有序的理想状态的。小孩子为什么会把他的巧克力香烟的烟蒂扔到火里？

②　二战期间英国一个大型工业城镇有一家日托所，专门照顾兵工厂工人的孩子，它的园长告诉作者，有几个孩子无缘无故地就生病、死亡了，她认为他们死亡的原因是他们的妈妈因为在工厂里工作，完全无法和他们在一起。

# 第 3 章  身体与思维的三元关系

仅仅泛泛地讨论身体生长与个人化意识之间的对立关系、成年人的个人化的意识和孩子的非个人化的意识之间的区别是不够的。必须努力搞清楚各种身体力量和意识在儿童成长的各个不同阶段当中的相互关系，并且理解非个人化意识向个人化意识转化的方式。

然而，要想理解生长的过程，我们就必须联系其最终的成熟。成年人已经长成的身体与发展成熟的意识之间有什么关系？我们对待儿童时代的观点很大程度上取决于这个问题的答案。我们必须先回答这个问题，然后才能回过头来考察孩子的生长和意识之间不断变化的关系。

直到最近几个世纪，人们才把意识完全归因于脑和神经系统。这个理论是笛卡尔在 17 世纪首次提出的——直到那时，现代科学观念才真正诞生。然而我们应该记住，它当时既不是被奉为珍宝，如今也不是被许多人相信。当心理学家荣格和普韦布洛印第安人在一起的时候，他们对他说美国人都是疯子。印第安人形成这个论点的原因是我们很难想象的。那个原因是"美国人认为他们是用脑子思考的，但我们知道人是用心思考的"。

电报和电话的发明又进一步发展了笛卡尔的理论，而这种发展方式是他本人做梦都想不到的。因为脑被认为像是一套电报系统，沿感觉神经接收信息，然后再沿所谓的机动神经发出响应。鲁道夫·施泰纳总是顽强地与这种人类思维图景做斗争，而现在即便是领先的神经学家也都在质疑这个图景了。①如今，出于时代的时髦，脑被描绘成一种扫描的机器，而不是电话交换机，但这也没有太大区别。一般人都坚定地相信，意识仅仅和脑有关，听到古代文明关于肝脏或心脏是意识的住所的说法，他们只会认为很荒谬。

因为后两种器官被认为纯粹只具有生命功能，常常被表示为简单的机械功能。每个学龄儿童都会学习人体的"功能"图，在这张图里，心脏被表示为一个泵，肺是两个风箱，消化系统是个炉子。著名的美国儿童心理学家阿诺德·吉赛尔对父亲们进行了概括："他们想知道什么能让孩子长进。搞一些机械的概念来承载孩子充满无限神奇的行为，孩子和父亲都不会显得丢人。"

然而这不是丢不丢人的问题，而是事实的问题。除非身体确实只是机器，否则我们把身体看作是机器就是不对的。机器和生物之间最重要的区别就在于，后者能够生长并且受到损伤之后能够修复自己的形状和物质——这个区别太显然了，无需赘述。但还有一个重要得多的区别，对于这个区别，迄今只有鲁道夫·施泰纳充分认识到了，那就是，人的整个身体都是意识的载体，而不仅仅是脑。没有任何机器是有意识的。即便是电脑——这个称谓本身就展现了可怕的思想混乱——也并不比一只钟表或一只捕鼠器更有意识。它只不过是精密得多而已。只有当它能向数学家提出问题，并且也能回答数学家给它提出来让它回答的问题的时候，它才配称为脑。

把身体看作机器，并且认为意识仅限于脑——如今人们太容易陷入这种认识了——这会让人无视自己的体验。因为任何常人如果忘掉流行的理论而专注于自己亲身的体验的话，那么他就不得不承认，他会感觉到，意识的某些方面与脑以外的其他身体部位有着很强的联系。在深沉的情感突然来临的时刻，悲哀或喜乐，惊奇或恐惧，我们会屏住呼吸、心跳加速，这种情况对每个人来说都是很熟悉的。类似地，下定决心的那一刻，我们的四肢也会有坚定的动作，而突然的恐惧会让我们的心窝感觉虚弱，甚至肠子真的会动。自然地，我们在心里、代谢系统里或"腰子"里，体验到的意识和头脑里体验到的意识在数量和强度上都是不一样的。施泰纳的所谓"三元人"讲的正是这种区别。

现代心理学家把思维的运作粗略分为三大块：意识、潜意识和无意识。这种划分意义重大，让我们可以认识到，人的有意识的体验仅仅是我们的许多思维力量当中的一小部分，它帮我们形成判断，并指导我们的行为。在这方面施泰纳和那些心理学家们是完全一致的。然而他对意识的隐藏方面的研究却和他们有所不同。他不经常使用潜意识和无意识这两个字眼——这两个字眼从词源上就是纯粹否定的，它们只告诉我们某种东西不存在。他是让我们参考我们每个人都熟知的三种意识状态：睡眠、梦境和清醒。因为即便在睡眠当中，也仍然有轻微的意识存在，要是没有这点意识的话，我们的记忆的线索就会断裂，每天睡醒觉我们都将面对一个全新的世界。这三种包含着一对对立关系，一端是几乎完全黑暗的、睡眠的意识，另一端是明亮的、清醒的体验，而梦幻的生命状态则介于二者之间作为中介。梦有可能会非常生动，但我们在梦中无法理解那些梦境图景的含义，也不知道为什么一个图景会消融转化为另一个图景，并且不停地这样转化。

还有另一个领域也存在类似的、意识的光明与黑暗之间的对立关系，二者之间也有一个中介。只有在思维当中我们才会体验到完全的意识的光。正是在思维里面，笛卡尔，在现代时代的黎明，发现了自己的存在的肯定——"cogito ergo sum"（我思故我在）。其他的哲学家宁愿让自己依赖于一个与思维恰恰相反的能力，就像睡眠和清醒那样相反——也就是意志这个能力。这样说是因为，意志的特征是无意识，正如思维的特征是意识一样。在意志方面，我们或许能意识到自己的意图，以及已经取得的成就，但实际的过程是我们意识不到的。我们甚至不知道意志是如何控制肌肉收缩以便让手臂运动的。意志的生命是那么黑暗而不可捉摸，以至于有些心理学家根本都否认它的存在。但这就好像因为黑暗看不见就否认黑暗的存在一样。

而第三种能力则介于光明的思维和黑暗的意志之间——那就是情感的能力。人们常说的"情感"这个词有太多的含义，这是一个不幸的事。它可能表示感觉、情绪或某种直觉。但是如果考察一下，情感处于中介的位置上，既可以向上穿透到意识当中，又可以向下穿透到无意识当中，那么这就是很自然的事情了。情感既可以被描述为对有意识的光的无意识的搜索，也可以描述为对无意识的普适性的有意识的搜索。它处于有意识和无意识之间，正如梦幻处于清醒和睡眠之间一样。不论情感的来源是什么——并且就像梦一样，它可能来源于一个简单的感受，或来自一个宏大的精神体验——我们都无法抽象地描述它，从而不得不把它包裹在各种图景当中。

现代分析心理学恰恰就是专门解读这些图景的，不论它们是来自梦境，还是来自情感的半意识生命。在这里我们可以注意到这种心理学与施泰纳的精神成长方法之间的技术差异。前者会把隐藏的图景提升到正常意识的领域；后者把意识带入这些图景的隐藏的领域。毫无疑问，施泰纳不常用"无意识"和"潜意识"这两个词的部分原因是，对他来说，这两个领域已经是可以意识到的了。

因为情感是半有意识的，所以我们就很难清晰地了解自己的情感。由于情感掌握着思维和意志之间的平衡，因此它在形成判断的过程中扮演着重要角色；但是，不论我们多么有意识地权衡利弊，我们都不容易知道，到底是什么最终决定了我们采取某个特定的行动路线。同样地，我们也很难与别人精确地沟通自己情感的内容，而对于思想的内容，我们则很容易沟通。

这样的话，睡眠、梦幻和清醒就不仅仅是我们相继体验的三种意识状态，而是同时地存在于我们里面。当我们进行每天的生活的时候，我们里面只有一部分是清醒的，还有一个部分处于梦幻状态，还有第三个部分是沉睡的。值得庆幸的是，引导我们步伐的不仅仅是清醒的那部分。许多人都有这种体验，某种隐藏的意志冲动突然间抓住了他们，在没有意识参与的情况下引导了他们的行动，有时候是引导他们脱离了不可预见的险境，有时候是引导他们与某个在他们人生中无比重要的人建立了联系。我们应该感谢我们不是仅仅依靠自己的个人化思维来引导人生，而是有来自沉睡的意志领域的许多更深沉的冲动在发挥作用。

更进一步，还有另外一个三元组与思维、情感、意志这个三元组相关，正如这个三元组同时还和清醒、睡眠和梦幻相关一样。这个三元组存在于人体组织当中。现代思维方式不容易理解这个身体方面的三元组，因为从某种意义上讲，它要求一种人们不熟悉的思维方式，尽管它不时地也会出现在现代思维当中，就像老树桩上长出零星的新芽一样。完形心理学就和这个有关，它应对的是人的行为的整体。另一个例子是动物学，现代动物学观点认为，动物不是我们在特定某个时刻看到的那个东西，而是它在全部生命周期当中所做的一切行为的总和。能够领会到可见的东西是一个更大的不可见的现实的表达，或部分表达，这是一种能力。

在这个意义上，施泰纳把脑和神经系统看作是思维的完全清醒的意识的载体，而不是它的原因。思维是非物质的或者说精神的活动，但它要想把自己在一个拥有物质身体的存在里面表达出来，就需要一个物质器官。脑和神经的物质里面发生着持续的消亡的过程，在生和死之间为清醒的意识创造了可能性。

而人体当中什么地方的器官是与脑和神经完全对立的呢？首先是消化和代谢器官，在这里持续进行着无意识的构建新物质的过程。我们习惯的说法认为，所有这些器官共同构成了消化系统。正是这套消化（或代谢）系统，它的特性与脑和神经系统正好相反，施泰纳首先最重要地是把它看作无意识的意志的能力的表达或物质载体。但在人的身体结构当中，脑和神经系统还有另一个对立系统，那就是自主运动的器官——手臂、腿脚，甚至还包括下颌。施泰纳把这些器官也看作一个"系统"，丝毫不亚于神经和消化器官，尽管它们之间的功能联系并不是直接显然的。因此他经常把这个肢体系统和代谢系统连在一起，它们共同表达并支撑了意志的能力。毫无疑问，意志与这套系统的关系比思维与脑和神经之间的关系更难理解。要想彻底掌握这一点，最起码必须能体验到它。因为这种联系不是封闭的、局部的，不像脑和思维之间的关系那样，在脑当中，可以定位到与意识的特定领域对应的特定的中枢。这正是因为意志不会完全地贯穿身体并且通知身体，它几乎完全没有意识。实在是，它更多地是在器官的功能中，而不是在器官本身里面表现出来。正是通过一个人肢体运动的方式，观察者能够洞察到他的性格，而不是通过肢体本身。正是生命的意志在保障着各个器官的生命功能，即便出现了疾病或遇到了最严峻的外部条件也是如此。

本书会就意志与肢体运动和代谢之间的这种隐藏的关系进行很多论

述。开始的时候,这个概念对现代思维来说的确很难理解,就像普韦布洛印第安人很难理解思维和脑有什么关系一样。或许印第安思维和现代智性思维最好的会面场所是中间的领域,情感的领域。

因为情感在人体里面也有它的物质基础。在头和消化器官之间有肺和心,呼吸和血液循环的中心。后两个器官之间的联系最明显的体现在于,二者的功能都是有节奏的。在心和肺的节奏之间存在着天然的、和谐的互动关系。当人进行剧烈运动、二者的这种关系被干扰之后,就会有一段时间感觉不舒服,直到二者关系被调节到一个新的和谐状态,称为"二次呼吸"。以心肺为中心的这种节奏会穿透并分布到整个身体,深入手指和脚趾里面的脉搏当中,以及我们的脑脊髓液随着每次呼吸的微小升降——就像微型的潮汐一样。施泰纳所说的韵律系统和情感生命指的就是所有这些韵律过程。

韵律系统与情感之间的联系比肢体系统和意志之间的联系更容易体验。比如,我们知道,只有突然的情绪,例如恐惧或喜悦,才会激烈地影响脉搏和呼吸。当我们的恐惧获得了释放,我们会说"终于能喘口气了",这实在是事实,而不仅仅是比喻。所有艺术作品都充满了节奏,因为恰恰是在艺术创作当中才能触及情感的精髓。

就这样,施泰纳提出了人体当中三套互相渗透的伟大的系统,我们可以把它们简称为头、韵律和肢体系统。他把这三套系统(它们还有若干模式)视为思维、情感和意志三种能力的承载者和支持者。头是肢体的对立系统,正如思维也是意志的对立面。韵律系统在肢体和头之间构成了中介,正如情感也是思维和意志之间的中介。治学周全是施泰纳的性格,他对这三个系统的生理学和心理学研究了十多年,之后才开始公开讲这些内容。而他一旦公开发表了这些概念之后,就把这种三元的理念扩展到人类生活的几乎每一个分支领域。

诗人、哲学家萨缪尔·泰勒·柯勒律治做过许多美妙的猜想,有趣的是,他在《思考的辅助》当中对这三套系统做了简要阐述。"神经构成的脑系统，"他写道，"有一个对应的对立面，就是腹部的系统，但这样一来这两套系统又综合产生了一套胸部系统作为中介，像个吊桥一样，既是传导者又是边界。"脑系统是"认知的住所"，在胸部系统会产生出"情绪、爱和激情"；而当然了（尽管柯勒律治在这一点上并不明确），腹部系统会支持意志生命。

不论从哪个方面考察这三个系统，我们都能显著地观察到，韵律系统在另两套系统之间的中介工作是多么恰到好处。想一想，比如说，它们和运动的关系。头和脑受到了最高程度的保护，可以最大限度地免受运动冲击的影响。当我们走路的时候，所有一系列关节的弹性会防止运动影响到我们的头部。在头里面，脑是漂浮在脑脊髓液里面的，而且它和它的那个拙劣的模仿品——电脑一样，没有可动的部分。头和脑的特征是静止不动。而四肢则恰恰相反，生活在自由、自主的运动当中。我们有可能某一天会让肢体（以及代谢）进行很多锻炼，而第二天却一点锻炼都不做。

而在不动的头部和运动的肢体之间还有一个运动永不停止的领域，因为它是韵律系统，有节奏的，节奏本身也带有休息的品质。因为节奏既是运动中的休息，也是休息中的运动。这些节奏运动的肌肉，它们永远不用休息，也永远不会疲惫，这些驱动我们心肺功能的肌肉从我们生命的第一口气到最后一口气都是在工作着的。我们的运动越是有节奏，它们就越不疲惫。现代工业心理学家都在努力让工厂变得有节奏，他们其实只是在模仿我们的祖先，我们的祖先以艺术的敏感度发现了那些船歌、挤奶歌，以及所有那些不计其数的劳动小调的实用价值，这些劳动歌曲一直都伴随着每个行业和职业，直到现代。

> 诗歌会让苦工变得甜美，不论听起来有多粗鲁，
> 村庄的仕女劳动的时候总会歌唱，
> 当她旋转那炫目的轮盘时，
> 就不必左思右想悲凉的沧桑。[②]

胸部的骨骼包围着韵律系统的核心器官，从这些骨骼上也可以看出韵律系统的中介地位。头骨是圆的，尤其是容纳大脑的上部。四肢的骨骼是直的，向外够向空间的力量，而头骨则恰恰是保护大脑让它不受那种空间力量影响的。而包围心脏和肺的肋骨，它既不是圆的也不是直的。随着它们按一定节奏逐渐接近头部，它们会形成越来越完整的圆形。随着它们向下接近四肢的方向，那个圆形就会逐渐缩回，直到最低的脊椎处蜕变成直线。

心理学方面，情感恰恰是在思维和意志之间发挥了中介作用，这一点恰恰注样了柯勒律治对胸部系统的描述，"既是传导者也是边界"——一座吊桥，既可以提供方便的交通，也可以完全阻断。当我们爱一个人的时候，或者对某件事充满激情的时候，我们的思想会多么容易地转化为行动。反之，当我们感到厌恶或抵触的时候，会多么迅速地遇到障碍，我们多么容易遗忘那讨厌的职责，多么容易找到出色的借口拖延那令人不快的面谈。孩子们对任何新东西都乐于付出兴趣和激情，而我们在给孩子们讲一个新的主题的时候，一定要尽最大的努力来唤醒并维持他们的这种兴趣和激情。这很可能决定着它们的情感将会在他们整个一生当中成为某些知识领域的桥梁还是障碍。

我们已经了解了，情感的梦幻的特性以及意志的沉睡的特性是因为它们与物质身体之间的联系的强度和局部性较弱。但这个事实恰恰赋予了它们独特的可能性。他们可能让我们和外面的世界建立起无法靠思维这种自我支持活动触及的关系。灵感和直觉，它们来自我们未知的地方，注入我们的情感和意志生命，在判断和行动中给我们带来远远超越个人化智性思维所能实现的智慧。可能灵感或直觉会穿透思想的领域，并且以思想的形式照亮我们的意识。然而，这并不必然意味着它们就来源于思维的领域。因为无论如何，我们都绝对不应该觉得思维、情感和意志能够脱离彼此而独立存在。任何思想里面都渗透着一定的情感和意志，不论多么稀少；任何意志都带有少许的思想和情感；任何情感也都以某种微妙的方式向上作用到我们的思维意识当中，并且也向下作用到意志里面。此外，在身体的三元系统当中存在着同样绝对的相互渗透关系。通过神经，身体的每个部位都有一定量的意识的存在；血液甚至会把意志的元素注入更精密的感觉器官中；韵律的过程也会穿透到大脑里面。假如各种精神力量及其对应的身体系统各自内部以及相互之间的这种相互渗透关系不彻底的话，就不会有完整的体验。

只有成年以后，这个三元机体当中的三套系统才能全部达到成熟。孩子与成人之间的一个最大的区别就在于他同自己的三元特性之间的关系和成人不同。现在我们必须联系孩子的身体的成长和意识的改变过程来考察这种区别。

注：

① 在英国科学发展协会的一次会议（1954）上，牛津的 Liddell 教授称"皮质刺激激发出来的运动从任何意义上讲都无法和健全的生命体自发的运动相比"。参见《自然》，174卷，第4433号，1954年10月16日。

——A. C. H.

更近期的大脑研究继续对这种流行的机械主义的思维-身体联系观点发起挑战，更不用说各种全息心理学学派了。

——编者注

② Boswell 引述 Richard Gyford。

# 第 4 章 儿童时代的路线图

儿童成长过程中有没有不同的阶段呢？这个问题很重要。假如没有的话，并且假如每个孩子都以不同的方式成长，那么儿童时代就成了一个噩梦一样的旅程，里面完全没有规律可循。

当然了，看起来好像孩子成长只有前几个月略微有规律一些，之后好像就没有规律了。甚至连爬行、站立和行走这些事件，在不同孩子之间都会有明显区别，而后面的成就，例如阅读、数数之类，年龄变异就更大了。然而，尽管存在这种个体差异，但所有儿童的成长当中还是存在着大量的共性的。然而这些共性，这些让吉赛尔得以对不同年龄做出临床描述的东西，很大程度上并不是各种能力，而是行为特征以及与生活之间的关系。这也说明了，大自然更感兴趣的是过程而不是成就。即便某些阶段表现出早熟或天赋的孩子，如果从他们人生整体的范围考察的话，仍然属于典型的孩子。像格特鲁德·贝尔那样的年轻人是非常少见的，她是一位阿拉伯旅行者、东方主义者，十岁的时候就在读各种大部头的著作，例如格林的《英格兰历史》，然而终其一生她都是个和孩子一样的孩子。

假如儿童时代的确存在不同阶段，每个阶段会有特定的发展，那么就可以预期，它们会按一定节奏出现。因为节奏是一切生命的显著特征。儿童时代有两项非常明显的身体发育，每个人都会注意到——换牙和性成熟。对于前一项身体发育人们的关注较少；而对于后一项，在我们这个性意识的时代，已经有大量的专著进行过论述。这两种重要的身体变化都明显地按大约七年的周期发生。七岁是伟大的换牙年龄；而性成熟，女孩会比男孩早些（后面再讲原因），平均在十四岁。此外，完全成熟是在二十一岁，这样就有了以七年为周期的三元节奏。这个三元节奏与上一章讲的人的三元结构有没有关系？施泰纳教育认为有关系，而且这种认识正是这种教育的基础。

我们已经注意到，一方面是身体的生长，另一方面是个人化意识的成长，这两方面构成了互相对立的两极。如果我们努力地在整个儿童时代跟踪这两个过程的话，我们就会发现一个事实，那就是生长过程是从头向下进行的，而对意识的觉醒——我们专门用"觉醒"来描述这个过程——是从四肢向上发展的。正确地说，孩子是"觉醒起来"；而谈到生长，是"生长下去"。回想一下，四肢的形状是直的，头的形状是圆的，那么我们就同样也可以说，一个是离心的，一个是向心的。

讲生长，我们先要考察一个明显的事实，胚胎当中最先形成的是头部。出生的时候，大脑的重量相当于整个身体的六分之一，甚至十岁的时候这个比例仍然达到一比十，而成年的比例是一比三十五至三十六，大约二十一岁的时候会达到这个比例。不合比例的是大脑，因此前额也显得更大，鼻子和下巴的比例相对更小，这个事实让孩子具有一种宁静的智慧，这种智慧或许此后一生当中都永远不会再有。七岁的时候，大脑发育几乎完成。此时它相对于身体其他部分的比例仍然很大，这说明躯干和四肢的发育是多么缓慢。标志头部——或者更精确地说，头的上部——的物质发育的结束恰恰是换牙，这个发生在头部的事件。

换牙之后，身体其他部分的生长超过头部，此时最先出现重大进展的是胸部。不仅整个躯干变长了，而且以胸部为中心的韵律过程也更完善了。我们发现，例如，在童年阶段，从换牙到性成熟，脉搏会逐渐接近成年水平。毫无疑问，小孩子的意识是会受到这种极高的心率的影响的。婴儿体内血液循环一周的速度比成年人快一倍。我们发烧时会感觉色彩更鲜艳，这种感觉差不多能帮我们想象到小孩子的世界是多么明亮的。[①]早年脉搏会维持高水平——十岁的时候仍然达到 100——但随着韵律系统的发育和加强，它会逐渐降低，在十四至十五岁的时候达到正常的 72。

可以注意到，在中间这几年里面，节奏会多么轻易而欢快地注入孩子的运动当中。小孩子并不是从来就有节奏感的；他的运动甚至是痉挛的。但从六岁往后到接近性成熟这个阶段里，孩子的运动是最优雅的，这种优雅在此后的人生中是很难再找回来的。吉赛尔明确地注意到，六岁这个时期，孩子会在有节奏的数数中受到数字的神奇影响。假如孩子不好好吃饭的话，那么可以对他说，我数到七，你就把勺里的饭咽下去，然后你就开始有节奏地数"一……二……三"。运气好的话,他就已经把勺里的食物吃干净了,就像每个成年人都知道每个好孩子该做的那样。老师如果临时需要离开教室,那么就可以让全班孩子在老师回来之前数到一百,这样就可以把他们全都"拴"在椅子上,让他们投入有节奏的唱诵当中。孩子们会在跑、蹦、跳当中本能地练习节奏感;背诗的时候,他们会自然地突出节奏,而不是情感(像现代演员那样)。

这个美妙的充满节奏的年代会随着孩子接近性成熟而消失。此时第三个、青少年阶段就开始了。女孩的腿会变瘦,或者有时也会变得极胖;男孩会窜高(或者向下伸长),腕子会露出袖口,脚踝也会露出裤腿,这些都能直接说明孩子的生长。可怜的弟弟们就只能穿哥哥穿剩下的还没坏的衣服。男孩们尤其无法应付四肢的突然伸长,好像受到了笨拙的魔咒,感觉什么东西都碍手碍脚。随着性器官发育成熟、躯干下部生长完成,这些情况都会消失。

这种从头往下作用的生长力量在头部局部也有相同表现。头部可以被看作是已完成的身体部位,在这里可以很容易看到整个全人的缩微版。整个身体的三元系统是思维、情感和意志等力量的表达,但在头部局部的小规模上也同样再现了这种表达。这种整体在局部当中呈现出来的原理在中世纪被称为对应原理,或者小宇宙-大宇宙原理。这对教育来说是一个非常重要的原理,本书下文还将反复提到。人不是仅仅被视为宇宙的一个部分,而是被视为一个缩微版的宇宙。人的心对应太阳;黄道十二宫的恒星构建了身体的不同部位——即便到了 16 世纪,这种信念仍然非常普遍,乃至莎士比亚在戏剧中都会拿它开玩笑。[②]动物、植物和矿物在个体的人的小宇宙中都扮演着各自的角色。

假如我们从这个观点来考察头的话,那么我们必须说,包含大脑的只有头部的上部,这部分才是本质的头部。下部是下颌,它是缩微版的四肢,从这个意义上讲,只有下颌才能够自由活动,从而具有四肢的特征,而头的上部完全是刚性的、不动的。下颌的确就是两对四肢,但每一对已经连接在了一起，就好像双手扣在了一起，以便构成头部特有的圆形。我们可以考察，上颌有十颗乳牙，下颌相应地也有十颗乳牙，这些就像是四肢上的手指和脚趾，这并不仅仅是神奇的巧合。同样地，在嘴里，有唾液的分泌，这是消化系统的起点，它和下颌密切相关，正如消化系统本身也和四肢的运动密切相关一样。

考察人体，在四肢和头部之间还有韵律系统的核心器官：心和肺。在头部，鼻子在前额和下颌之间占据了类似的中介的位置，而鼻子恰恰是呼吸的起点，正如嘴是消化的起点一样。很有趣，情感生命总是与鼻子及其激发的各种情态密切相关。它可以是高贵的，也可以是粗鄙的；它是一个精密的感觉器官，并且通过闻香味，它甚至参与到宗教奉献当中，而另一方面它又为无数的俏皮话提供了素材。西哈诺·德·贝热拉克如果天生下巴大而不是鼻子大的话，可能就不会有艰难的遭遇了。

然而从我们当下的目的出发，面部的这三个部位与整个身体的发育是直接平行的。整个早期儿童阶段鼻子和下巴的比例都很小；青春期的时候下巴会和四肢一起生长。一个小孩子要是长着一副宽大的灯笼下巴的话，那看起来可就实在像个妖怪了。大自然本身是和谐一致的，她会让头部与全身的发育相符合。

部分当中有整体的原理在韵律系统和肢体系统当中也同样可以找到，尽管在这两个系统当中更多地是表现在功能上而不是物质形状上。把一切都用物质的形式表达出来，这是头部的天性。一座头像就能展现一个人的全部，而躯干雕像则不能。

考察生长方向的时候，必须从头部开始，但要想考察孩子觉醒的方向的话，那么就必须联系代谢过程，从肢体系统开始。显然，新生婴儿最初的感觉体验是和食物相关的。他对食物的完全的投入不像成年人那样是个粗鄙的事情。他在品尝食物的时候会有一种精神的体验，食物为他揭示了精神的力量，就像大瀑布对华兹华斯那样，或云雀的歌唱对雪莱那样。很难找到比小孩吃奶时兴高采烈的样子更伟大的景象。令人不可思议的是，有些精神分析学家居然把这个想象成"同类相食的发育阶段"。在幼儿发展历史中植入错误的人类起源理念是多么容易呀！

孩子对食物的欣喜会迅速表现在四肢的运动上，那种欢喜的踢动和伸展就足以证明。正是在运用四肢的时候，他才第一次对世界觉醒了。

如果我们正确解读了孩子身体的语言的话，那么这种四肢的活动意味着他的意志生命觉醒了。小孩子的意志是非凡的，根本无需任何努力。它常常会让他成为家里的主导成员，尤其当他是家里唯一的孩子的时候。后面有一章将会展示，小孩子的各个方面都和意志的特性有关，甚至包括他最初的思维的尝试。我们这里只需注意到，当他刚开始运用感觉器官的时候，他的兴趣总是放在它们揭示的活动上，他会立即用自己的活动来响应这些活动。吸引他的眼睛的总是移动的物体，而他的观看过程总是紧密地伴随着四肢的运动。对小孩子来说仅仅看是不够的，他还想要摸，想要操作。让小孩子看一个有趣的东西的时候，他总是会着急地想要，"让我的双手也来看一看"。对孩子来说，成年人破坏力最大的禁令就是"别摸"。

所有活动都被吸收到意志的领域，这会让小孩子具有一种神奇的专注能力。他们不论做什么，都会投入全部的头脑、全部的精神、全心全意地做。他们绝不会做着一件事却想着另一件事。正是这种专注，让孩子的玩耍显得无比严肃。要是一个成年人能同样专注地做手头的工作的话，那几乎可以说是天才的表现了。

鲁道夫·施泰纳对孩子的思维第一次脱离肢体活动实现独立的年龄尤其感兴趣。他发现这差不多是换牙的时候，因为这个时间同时发生了两个重要的事情。从头向下进展的生长的力量，某种意义上讲，已经完成了上部也就是头部的工作，开始更多地集中到身体的中间部分了；而此前一直集中在肢体方面的、正在觉醒的意识，现在也同样来到了各种韵律过程活动的中间部分。这样，孩子的情感生命就开始觉醒了，他现在更少通过"睡眠式的"意志-意识、更多地通过"梦幻式的"情感意识来体验世界。

然而情感与世界之间的关系比意志更加疏远，尽管它还完全没有像思维那样实现主体与客体的彻底分离。意志会直接与外部世界联系。情感会培养一个没有行动的内在的生命。

我们已经描述过，这个情感意识的特征本质上是图景化的，类似于梦幻-意识。它现在要求情绪活动起来，同感和反感，开心和悲伤，勇敢和恐惧，这些东西同精神的关系就好像呼吸活动同我们的肺和心的关系一样。

当然，孩子在最初的"意志主导"的阶段也不是完全没有情感，但简单观察一下就能发现这种新体验的变化有多大。五岁的孩子听一个关于非常简单的活动的故事就会非常满足。你可以给他们讲，一位农夫晚上怎样喂他的动物，他先去喂猪，然后去喂牛，然后去喂羊，等等，以及每次说什么话来感谢它们并且祝它们晚安；然后他又怎样回到家里，吃了他妻子给他做的美味的晚餐，然后自己也上床睡觉。仅仅故事里的这些相继出现的图景对这些小孩子来说就是一个故事。但是如果你给七岁或更大的孩子讲这个故事，他们的接受度就会很差。对他们来说，故事当中必须有情感的起伏。必须有一个情节是小王子独自一人迷失在森林里，而且夜晚来临，从黑暗当中传来了可怕的噪声，而且有一双神秘的眼睛在闪动。后来他终于看到了一个令人感觉温暖的小木屋，小木屋的窗子散发出舒适的红色的火光。来到小木屋的门口，王子必须敲七次门（对于这个韵律的年龄来说，不应少于七次），然后，当他几乎要放弃希望的时候，他听见里面有脚步声，门闩被慢慢地拉开了。最后开门的是谁呢？是一个可怕的巫婆。他想要转身跑，但却发现自己的双脚就像是在地上扎了根……

所有这些情感的摆动，如果带给五岁孩子的话将是毫无意义甚至有害的，但对这些年龄大一些的孩子来说却是故事里面的活的血肉，他们已经跨越了某种新的体验的门槛。孩子们喜欢参加婚礼和葬礼，以便也能体验到欢笑和眼泪。而成年人的责任恰恰是为他们提供正确的机会。

后面还会更多地讲孩子的思维的这种图景性质，这对成年人来说是很难理解的。一句话里的某个单词可能会出于某种奇怪的原因，让孩子的头脑里产生了某个图景，而这个图景可能严重地湮没了那句话的逻辑含义。皮亚杰给很多孩子展示一组那样的警句，例如"羽毛相同的鸟会聚在一起"，在这句话里，我们的祖先仍然在以图景的方式表达着他们的智慧。同时，他还告诉他们每个警句的一般意思，并且让他们把正确的意思和正确的警句对应起来。他发现，在十二岁之前，他们几乎完全不能建立正确的关联。他们建立的关联——他们认为正确的那些关联——所根据的是一些词本身的相似性或他们自己头脑中的幻想。

还必须补充说明一下这个年龄儿童的思想的另一个特性。它本质上是非批判性的。孩子天然地会希望相信别人告诉他的事。他会期望成年人知道自己的问题的答案，并且他期望那答案是真实的。这是孩子与成年人之间呈现节奏关系的年龄。孩子会付出他的信心，而反过来他也期望收到智慧和权威。

这样一来，这最初的独立思维与此后的思维相比就有三点主要区别。它活在情感的摆动当中，它是图景式的，并且它是非批判性的。尽管期间会有很多变化与发展，但儿童时代的中间从换牙到性成熟这个阶段的思维的本质特征就是这些。后面的年龄会有一个双重的过程发生，正像换牙时那样，这个过程会把孩子带入新的生命阶段。

在大约十四岁，如前文描述，生长的力量会特别针对躯干下部和四肢做工作。但同时，意识的觉醒的力量也会到达头部。现在承载思维的就成了头，而不是心，并且所有智性思维的特征也开始出现。批判的能力就发展了出来，伴随而来的是它的各种好的和坏的特征。青少年不再接受权威，而是希望形成自己的观点。他们可能会非常聪明而粗鲁地争论，这时候有智慧的成年人会避免跟他们针锋相对。同时，伴随着四肢的迅速生长，新的意志力会显现出来，而他们会发现这种意志力很难控制。韵律的力量看来无法在思维和意志之间把持住平衡。直到接近二十一岁，这种新的发展完成之前，他们的判断会不可靠。

作为总结，在孩子的成长当中，我们必须认识到三个大的发展阶段：

一个意志活动的阶段，一个充满了情感的图景式思维的阶段，以及一个智性思维的阶段。这三个阶段的特征可以自然地用许多不同方式来描述。也可以把它们称为模仿的阶段、权威的阶段以及理想主义的阶段。只是必须记住，理想既可能是好的，也可能是坏的，而且甚至黑帮或犯罪家族的迷信理想也是一种形式的理想。在纪律专题当中还会从这个角度对这三个阶段做更多讨论。届时我们已经联系身体成长和意识讲了人的三元组织以及儿童时代的三个阶段。在那么高比例尺的一个地图上——五分钟比二十一年——只能展示出最重要的特征，而且无疑许多困难和异常会暴露出来。后面几章会逐一研究这些阶段，对这个基本的图景进行澄清和修饰。但首先还必须要考察一下其他那些会影响到整个儿童时代的因素。

注：

① 歌德（他对颜色具有深厚的兴趣）法国大革命时代在魏玛分遣队担任军需官的时候特地到前线去，以便亲自验证，那种所谓的"大炮热"会让颜色看起来更鲜艳。

② 《第十二夜》，第1幕，第3场

　　托比·培尔契爵士：咱不是金牛座出生的吗？

　　艾古契克：金牛座！那是体侧和心脏！

　　托比爵士：不，先生，是小腿和大腿。让我看看你能不能蹦跳。

现代的听众无法领会这个笑话，它说的是两个人都错了。金牛座"对应的"是喉咙区域。莎士比亚作品中提到这种"对应原则"的次数几乎数都数不清。它们是《威尼斯商人》的一个重要主题。

# 第 5 章 意识与自我意识

上一章描述的三个发展阶段是理解儿童时代的基础。教育就算只需应对这三个阶段，那已经不是一件容易事了。而我们不仅需要应对思维、情感和意志之类的问题；还要关注自我-存在的出现，那些能力正是以它为核心，并且事实上由它召唤进入生命的。

我们一旦触及自我，人类的那中央的、合一的力量，我们就和那最伟大的存在之谜正面相遇。没有比那句希腊的古老劝诫更难完成的了：了解你自己。可以说整个人类思想的历史就是每个人都在努力地做到这一点。只是到了现代，我们才会想象不必了解自己也能了解世界。然而，尽管自我的问题很艰难，但我们要想在教育方面进行任何严肃的工作的话，就必须面对这个问题。因为假如我们不了解人的话，又怎能了解孩子呢？

在关于人与世界的天性的许多文章当中，鲁道夫·施泰纳都会讨论人与动物界之间的联系。自然科学认为二者没有本质区别，人和动物只不过是一个渐变过程的不同阶段而已。施泰纳的观点恰恰相反，他认为人有一个动物没有的原则，那就是自我意识，从这个意义上讲，二者根本不属于一类。他指出，记忆是自我-意识的本质条件。

许多高等动物的生命从某些方面来看似乎有记忆。一条狗（比如俄底修斯的狗）许多年之后仍能认出它的主人。如果它的主人死了，它甚至会忧伤憔悴并死于悲痛。然而它不会以真正意义上的记忆来记住它的主人。它不会自发地激起记忆的图景。通过建立关联，主人成了它的物质福利的必要条件，就像食物和水那样重要。当主人死去或者离开之后，狗会遭受想要他的痛苦，因为它会因缺乏食物而饥饿。所有动物的表面的记忆的能力都可以归为这种机制。正是因为它们没有个体意义上的记忆，所以它们在本能的领域才比人类聪明得多。动物的荣耀不在于它拥有一点点人类拥有的很丰富的东西，而是它自己就拥有很丰富的东西。甚至对于昆虫我们都可以说，就像托马斯·哈代说那些从他的窗户进来的东西，"它们知道很多我不知道的大地的秘密"。

记忆可以回忆到多早的童年？这是个有趣的练习，我们可以努力回忆尽可能早的情形。很少有人会沉溺于这个练习，一般的成年人很少能回忆起四岁之前的任何事情。在美国一所学院的 200 名学生当中，只有 22 人能够记起三岁之前的任何事情，但 76 人能记起三岁和四岁之间发生在他们身上的事。人们可能会想，记忆可能能够回溯到意识产生的时候。但不是这样的。人有可能有意识却没有记忆。但恰恰是记忆串起一个体验的序列来，成为用那个称谓称呼自己的每一个人的独特的经历，那个称谓是所有人通用的，却同时又是对每个人都独一无二的！

在学说话的过程中，小孩第一次用"我"这个词来称呼自己的时候，这是一个极其重要的时刻。任何其他的词都可以通过模仿来学习，唯独这个词，只有通过内在地认识到自我性才能学会。有些人能记起童年的那一刻，他们第一次认识到，他们不是爸爸或妈妈或姨姨或叔叔，而是"我"。那个神秘的卡斯帕尔·豪泽尔，当他十八岁被放出来走在纽伦堡的大街上的时候，就提供了一个非常罕见的、在很大的年龄经历一种早期儿童时代的景象。有一次他的监护人让他去告诉别人"我要这个"，他去和人重复"我要这个"。他的监护人就纠正他，"不，不是你，是我"，他双手沿身体向下做手势并重复说"我，我，我"。这才第一次在他里面唤醒了那种小孩子通常三岁的时候会唤醒的意识，那就是，他是一个"我"。

这第一次自我-意识活动的那一刻是"伟大的分界线"，它对记忆构成了一个屏障，记忆无法穿透它进入更早的生活。可能每个人经过足够的练习并且在足够专注的条件下都能回溯到这个记忆点。极少数人能够回忆起这个点以前的情形，其中包括 17 世纪的作家托马斯·特拉黑尔纳，他讲到了一个光的世界，在那里，他——

> 完全是生命，完全是感觉，
> 是一个赤裸的、简单的、纯粹的智能。

实际上特拉黑尔纳描述的恰恰就是小孩这种直接进入环境中的能力，这就是他的模仿力的基础。

> 一个东西，好像以前就有
> 我的眼睛，来自自然母亲的法则

> 在我的精神里：她的储藏
>
> 全都同时在我里面：她所有的宝藏
>
> 是我即时和内在的喜悦……

通过童年时代那种神奇的记忆，特拉黑尔纳写道："我们的救世主说：你们必须重生并成为小孩才能进入那天国，这句话的含义比人们普遍理解的要深得多。"特拉黑尔纳如果听到爱默生的这句话肯定会非常赞同的："婴儿是永恒的弥赛亚，他来到堕落的人的怀抱里，并恳求他们回归天堂。"

当然，现代教育课本中是无法找到任何这样的东西的。过去那个世纪当中，那种认为人类来自原始的生命形式，随着不断发展它的意识越来越高的观点日趋成为主流思想，而且这种主流思想有时甚至会以一种无意识的形式在某些领域发挥影响。正是因为这个原因，现代教育者们会假定童年时代本质上是一个学习的时代，然而这样就忽视了一个事实，那就是这同时也是一个关于忘却的时代。

现代分析心理学认为早期儿童阶段的精神状态无比重要，而且，在自己的技术局限之内，它也获得了许多有趣的发现。此外，因为童年时代是无意识和潜意识的根源，所以这种儿童时代的体验的寻根恰恰被认为是考察无意识思维的最有效的方式之一。比如说，荣格就会跟踪这种下降进入无意识的过程，这会让你从个人化进入非个人化，进入全人类普适的、从而在全世界的各种神话、传说和宗教里都会出现的各种原型里面。他所说的阴影就是那种个人化的无意识，它里面包括"所有那些未经文明化的、与社会规范和我们自己的理想个性都不兼容的欲望和情绪"（以及许多其他的东西）——事实上就是人里面的低级特性或动物特性。在这一层下面，他又在无意识中找到了一个更加普适的特性——在男人里面有一个理想化的女性的存在，他称之为女性的精神，而在女人里面有一个对应的男性的精神。比这一层再深的地方，他又发现了伟大智慧的一个原型，这一次是同性的，对男人来说是智慧老人，对女人来说是伟大的妈妈。

恰恰是在如今心理学家们艰难摸索的这个领域里，鲁道夫·施泰纳的精神研究带来了那么多的光照。因为心理学家们发现，那些个人化的元素恰恰扎根在非个人化，而不是任何其他东西里面。由于他们无法逾越"那巨大的分界线"，所以他们就没有考察到，事实上，本质的个人化的元素，那个自我，是一个精神的实体，它来源于精神的世界。而施泰纳的观点则认为，孩子受孕和出生的时候涉及了两个世界之间的相互渗透，物质世界和精神世界，并且因此让自我连同它的个体意识得以从精神的世界降下来，把自己植入地上。

然而，人的物质身体是更伟大的智慧的表达，它是个体的自我意识所无法掌握的。施泰纳把它描述为人的最古老、最神奇的部分。在它起源形成的时代，物质都不是以如今的固化的状态存在，那时候生命都还没有在地球的历史上出现。因此可以把它描述为人类与矿物界共有的元素。

矿物与植物不同，它的里面没有各种有机过程。这些有机过程，按施泰纳的观点，并不是生命过程的原因，而是结果。正是生命的过程渗透了物质的实质，从而带来了，比如说，植物的浆液以及动物和人的血液的流动。这些生命的力量构成了机体的生命体，恰如物质构成了物质体一样。因此施泰纳会说，除了"物质体"之外还有"生命体"（他也会用"以太体"这个词）。正是这个生命体，通过它的塑造的力量，创造了机体的本质的形状。我们已经描述过的、儿童成长过程中从头向下作用、发育物质身体的生长力量就是它的一个方面。我们在魔法般的疗愈的力量中也看到了它的作用，它可以让损伤的组织恢复恰当的形状和功能。

从许多方面来说，生命体与物质体正相反。例如，物质体遵循的是重力的法则，具有向心的特征。而植物——矿物之上拥有生命体的第一个界——却会把自己从地上提升起来，朝天上生长。它具有离心的特征。

生命体还有另一个非常重要的与物质体相反的方面。如果一个是阳，另一个就是阴。如果一个是阴，另一个就是阳。荣格讲到女性的精神和男性的精神的时候，他真正描述的是每个男人的生命体里面的那个女性的形象和每个女人的生命体里面的那个男性的形象，它们存在于无意识当中。婚姻正是以最高的形式代表了这种全人的恢复，它在每一个个人里面都是隐含地存在的。我们一旦认识了这一点，那么那些令俄狄浦斯家喻户晓的充满疑惑的讨论也就拨云见日了。

如果说生命体给那个梦幻的图景式意识产生了一个相反性别的形象的话，那么物质体自然生产出来的那个形象则是有相同性别的。因此，在荣格的伟大的母亲和智慧老人里面，我们就能看出来一些古老智慧的图景，它们被构建到物质身体的结构和实质里面。

小孩子在记忆出现之前，这两个智慧领域都有一部分是半透明的，加上一些来自那降下来的、仍然无意识的自我的对精神世界的昏暗的意识。然后，从他第一次意识到自己的个性之后，那监狱高墙的阴影就开始向他靠近，并且他就失去了华兹华斯描绘得那么好的那种条件，"不朽的模仿"，那时"在婴儿时代，天堂就在我们的周围"。为了成为拥有自我意识的存在，我们牺牲了很多。

现在我们可以更好地理解前面说的，施泰纳的方式和心理学家们正好相反，他们努力想把人的无意识的东西上升到意识层次，而他则是把意识向下带入生命体和物质体的领域，并让它们交出秘密。因此，他讲的关于无意识的事情不仅仅限于人类的心理，而且可以扩展到那些普适的、历史的力量，从这些力量当中不仅诞生出了遗传的身体，而且诞生出了入世的自我。他把圣经故事中的一个突出事件和孩子生命中第一次说"我"的那一刻联系起来。这个事件就是许多宗教和神话传说里都提到的那个大灾难，但旧约描述得最好，把它称为"人的堕落"。

自我意识的发展在历史上一直取决于物质体把自我吸收进来，这样人就逐渐丧失了对大自然的各种精神性创造力量的参与，并且不得不学会把世界看作是自己外面的某种（非我的）东西，这种东西只能通过人的各种感觉才能呈现出来。现代社会征服了地上的物质世界及其各种力量，这是一个外部迹象，说明自我与物质的结合达到了前所未有的程度。

因此，"人的堕落"具有双重的方面——降入物质身体的体验当中，以及自我意识觉醒的第一步,这两方面的特征在旧约故事当中都有清晰的展示。这两方面都没有任何本质上邪恶的东西。那么为什么这个"堕落"被描述为路西法、神的敌人的引诱的结果呢?这是因为,它在人类尚未发展充分、不能适当承担的时候把知识和善与恶的体验交给了人类。正是因为这一点,所以每个人的自我都有阴暗面,有的甚至早在儿童时代获得自我意识的第一刻就出现了。

如今前所未有的清晰,通过知识的扩张,人类获得了过于强大的一种力量,而如今的人类还没有能力驾驭这种力量,因为他们在道德方面还不够成熟。我们时代的所有负责任的呼声也都是因为这种悲剧的事实而起。举一个例子,英国科学发展协会的总裁在最近一次就职演讲对人类的颓废做了有趣的诊断。人的问题到底是什么呢?他说事实上,人的问题是,他的知识都是继承来的:每一代人都在上一代人留下来的财产基础上继续经营。但道德是无法继承的:每个人都必须从头开始。我们比我们的先父们知道得多得多,但我们并不是比他们更好的人。

看起来似乎很遗憾,但这种情况恰恰是人类获得自由的条件。假如我们可以从父母那里继承到美德的话,那么我们天生就具有美德,而不需要运用自己的自由意志去实践美德。但我们不能闭上眼睛对那种可怕的景象视而不见,那种几乎完全不负责任的人们手里掌握着几乎无限的力量的景象。

我们在每个小孩身上遇到的正是这种未成熟的自我意识在小宇宙上的体现。因为儿童时代几乎可以用相反的词来描述。它是一个神圣的、天真的时代,有着美丽的想象,有着对父母和老师的令人感动的信任,有着对别人的成就的慷慨的承认,有着对整个世界的专心的兴趣。但它同时也有讨厌的自我主义,以及其他种种错误。

毫不夸张地说,不同时代不同学派会用那么相反而极端的色彩来看待儿童。清教徒坚信原罪,他们的言行中常常表露出来,他们认为未经救赎的孩子里面除了罪的冲动之外没有任何东西。晚些的思想学派——年代或许从卢梭到高贵的蛮夷——认为孩子都是天真的,只是受到了社会的影响才有了腐败。仅从一面看问题就是这么简单。

我们必须意识到，两种观点都有一定的真实的成分。假如我们考察一下儿童个体的能力，他们无私地模仿的天分、创造力、专注力，以及做自己的事情的兴趣，我们看到的几乎是一个神圣的世界。但在每个小生命身上发生的和伟大的人类历史上演出的过程一样。孩子在成熟之前就拥有了自我意识。试想，假如所谓的"堕落"没有发生的话，那么孩子就不会像现在这样在不成熟的阶段体验到自我意识。那样的话，教育将会多么不一样啊！在说"我"这个词之前，孩子会学会三件无比重要的事情：直立行走、说话还有思考。这三样在孩子的整个成长过程中是最重要的三步。这些能力是孩子此后一生的一切学习的基础，他是怎样学会这些能力的？可以肯定，不是从人类老师那里学会的！他是从那些构造了他的身体并为它赋予生命的神圣的、普适的力量那里学到的，他的沉睡的意识仍然能够与那些力量沟通。假如他没有投入自我意识当中的话，那么他将会继续在它们的指引下成长。但随着孩子对自我开始有感觉，他就跨出了入世的第一步，老师就需要引导他长大成人。这是个非常伟大的任务。这个任务不是别的，正是以适当方式引导他，以便当他来到成年的门槛、达到真正实现自我意识和自我依赖的年龄的时候，他就已经通过爱的力量实现了成长。

至于孩子的自我意识对各种能力的成长的影响，将留待后面各章讨论。在每个七年阶段当中，都有一个自我意识强化的节点，第一个阶段当中的这个节点就是说"我"的时刻。在小孩子身上，自我意识的降临自然地发生在意志方面。所有儿童都会经历那个拒绝阶段，会拒绝你给他的一切提议。当你说"是"的时候，他们会说"不"，最后甚至把这个当作游戏而乐此不疲。当这个拒绝的原则与模仿的需要发生斗争的时候是很有趣的。孩子会拒绝参加游戏，坐在椅子上生闷气。但他的双眼都在饥渴地汲取着其他孩子做的事，并且，如果没人管他的话，用不了多久他就会从自己的椅子上溜下来挤到圈子里。但是你必须不要看到他，也不要让大家注意到他。他必须看起来不是在做你想要他做的事情。他已经是个小大人了，有自己的意志了。

# 第6章 头七年

头七年的成长是后面人生阶段无法比拟的。毫无疑问，这个阶段是整个一生的主要的构造阶段。我们此后再也不会学到那么多、体验到那么多，也不会发展出那么多能力了。这是儿童观察家和心理学家们最喜爱的，并且某种意义上讲也是最有回报的年龄阶段。一方面，与后面的年代相比，这个阶段的成长规律更加连贯一致。另一方面，孩子会紧守成长的秘密，以至于围绕着观察到的事实可以编织出任何数量的理论。身体运动我们可以观察到，但直到这第一个阶段过去一半为止，它们几乎都无法告诉我们孩子思维和情感的情况。即便到了后半段，要想解读呈现给我们的生活片段也需要很高的天分，毫无疑问那只是孩子的全部知觉的一小部分里面的一小部分。小孩的思维实在是一个可以证明你希望相信的一切的地方。

几乎在任何研究领域，实际情况积累到一定程度之后都可能变得很难理解。如果把童年最初几年每天乃至每小时的大量经历用电影和录音的形式记录下来的话，那么即便是中世纪的大学最大的图书馆也装不下。我们能从这些令人困惑的材料里发现任何大师级的设计吗？

让我们先从所有童年的三元演进的角度来考察一下这第一个阶段吧，其中有上升和下降的过程，前面的一章里已经描述。因为我们应该发现，小宇宙和大宇宙的原则并不仅仅适用于空间世界，像头与全身的关系那样；而且它也适用于时间，较大的时间规模在构成它的较小的时间部分当中也有反映。时间仅对抽象思维来说是一种抽象的东西。事实上，它是一种活的过程，在它里面，部分与整体的关系就像在完整的活的有机体里一样，并不只是由许多零件构成的一台机器而已。

我们已经描述，出生时生长的力量集中在头部，并会不断向下发展，直到青春期之后四肢的发育完全完成为止。如果仅考察童年的第一个阶段，我们也能看到这些力量在小规模上遵循着相同的过程。刚出生一个月之内，四肢和代谢那么弱，婴儿的腿甚至都伸不直，消化系统只能消化母亲的乳汁！再看看六岁孩子的腿多么结实，食欲又是多么广泛！而要想让这种转变成为可能，心肺方面需要多少强化和调节呀！这些都是肉眼不容易看到的。而唤醒的过程，它在整个儿童时代都是与生长发展的方向相反的，它在这第一个七年阶段当中也有一个缩影，故即便在这个较短的阶段中，我们也能看到它有一部分到达头部。跟踪这两种相对的运动可以帮助我们想象出那些隐藏的原理，大自然正是通过这些原理来做工作，让小孩成熟，长大成人。

头两年是头部发育最活跃的时间。两岁的时候，上端的头部和大脑会惊人地接近完全成熟的尺寸。据说假如整个一生头部都以这种速度继续发育的话，那么我们老年的时候头就会像地球那么大。但意识最先开始的地方不是头部。正相反，在这个阶段的早期，孩子被完全抛给了自己的代谢。如果说当他吸吮母乳的时候他是在实践同类相食和性唤醒的话，那么他当然是个完美的演员。因为很难想象有比孩子全身心投入自己的营养的时候的那种镇静自若更缺少尘世的激情并且更富有属天特质的东西了。事实的确就是这样的，这不只是个比喻，孩子的脸庞的确表达了属天的沉思。因为在所有物质实质的背后及内部都有各种精神力量在作用着，而当孩子同化食物的时候他仍然会参与到这些精神的力量里面去。

即便是眼睛的最初的运用也暗示着这个同化过程的某些方面。那目光宁静而专注，穿透力那么强，让你觉得他是在摄入并消化感觉印象，毫不亚于他对乳汁的消化。婴儿的那种在殷切地、开心地看过一个人之后突然把头转开的习惯是自我意识降临的前兆。婴儿把头转开的原因和推开乳房的原因相同——因为他们已经吃到了可消化限度内的最大量了。事实上，所有的婴儿都会玩耍那个游戏，先看，再蒙上眼睛，然后再看，然后再蒙上眼睛，让你觉得他们永远都玩不腻，他们实际上只不过是在玩耍这个摄入和同化的过程。

另一种婴儿喜欢的原型游戏是建造和破坏，或者（在他们自己能够做到之前）会把东西扔下去让你捡。他们会没完没了地玩这个，直到你筋疲力尽。这种破坏和建造恰恰是代谢系统的功能。这些最初的玩耍行动不是像后面的玩耍那样来自对周围环境的模仿，而是内在体验的一种外化。

对代谢过程的这种生动的体验是密切地与四肢的活动联系在一起的。因为四肢成长的速度是惊人的。已知婴儿五天的时候就能通过蹬腿实现翻身。三个月大的时候，明确的、自主的活动就开始了，通常的形式包括把手放到嘴里。六个月的时候婴儿就会爬行，九个月的时候可能就能扶着东西站起来了。那种所谓的行走反射，出生前几周就会出现，当婴儿被抱住直立放在地上的时候，他会明确地向前迈步，这种反射说明孩子的肌肉如何神奇地专门适合于直立行走。但这种反射会褪去，并且这种反射和婴儿的意志能量无关，而从最开始在地板上游动到贴地爬，从贴地爬到离地爬，从离地爬到四肢行进，从四肢行进到实现直立，并最终胜利地从直立过渡到行走，所有这些活动都需要调动那种巨大的意志能量。或许波爱修斯就在孩子身上看了这个过程，他在《哲学的安慰》中写了一段颂辞，对比了人的直立的姿势和动物的"堕落的"身体。"只有人类的血统才会昂首直立；而你，尘世之人，如果你的头脑里产生了邪恶，那么你的形体本身，那里有你在诸天轴心的镇定，就会劝告你把心放高，让你的思想不会下沉或被置于脚下，因为你的身体是被高高提升了的。"

正是这种正直的体态让言语成为可能，并且正是言语让思维成为可能。当然，一些因患病而只能躺卧的孩子也会学会说话。但这是因为他的身体仍然是按直立体态组织的。最普遍的学习顺序是：先是站立，之后是说话，之后是思考。这三点本身就构成了童年整个过程的一个缩微版。直立以及之后的行走是意志的功能，这个能力标志了童年第一个阶段的特征。说话（包括听话）让我们和他人发生关系；而第二个阶段，孩子们会希望了解世界。思维——它的特征是独立——属于第三个阶段。

尤其在头几年当中，很容易看出来，孩子的说话过程本质上是一种意志活动。他会在自己的婴儿床里用纯粹无意义的声音来练习整个句子。他会一遍又一遍地重复他会说的那些词，而且说的同时总是伴随着手势。三岁之前他的言语的主要用途是说出事物的名称。看到他们兴高采烈地充满活力地伸出手来，而且几乎整个身体都伸出来，同时突然喊出"哞——牛"的时候，我们仿佛就回到了创世记当中描述的那个阶段，那时神把地上所有的动物和天上所有的飞禽都带到亚当面前，"看看他用什么来称呼它们：不论亚当管每种生物叫什么，那就成了它们的名字"。这不仅仅是孩子说出世间事物的名称的活动，那名称也和那事物的活动密切相关。"门"既意味着一个事物，也意味着"开"和"关"。心理学家会讨论，当孩子说："妈妈门"或"宝贝——帽子"而丢掉"开"和"戴上"的时候，他是不是在进行脱离了词语的思维。但事实上那个意志活动本来就包含在那个词里面。帽子并不仅仅是和门一样的一个对象而已。它是你——戴——在——头——上的东西。皮亚杰记录了晚一些阶段（大约五岁）的许多儿童的案例，他们仍然觉得"词语具有力量"。有位男孩关于拳击做过引人注目的陈述："我想打人的那个词。"的确，一个名称对小孩子来说绝不仅仅是一个名称：它更像是一句话。这样一来，当孩子以后开始使用动词、形容词和介词的时候，他就不是在给名词添加东西。他是在把整个的含义复合体分解成不同的部分。

所有这些词语的使用自然地会要求某种思维方式。但那个思维当中几乎完全没有泛化的概念。那么小的孩子也不会表现很多亲爱的迹象。他允许别人亲吻他；而当他亲吻回去的时候，那只是一个客观的作业。"我们早餐后才做那件事。"一个小男孩当别人让他来一个早上的亲吻的时候这样说。当一个孩子还很小的时候有个弟弟或妹妹出生了，这种情况他不大可能出现嫉妒的情感，而这在更大些的孩子中常会发生。模仿仍然没有被情感蒙蔽，并且小孩子很容易开始模仿父母抱这个新成员并逗他开心。

正是在孩子生命最初的这两年里，成年人尤其要留意记住，孩子会极深地进入周围的小世界里，并且孩子一定要找到值得他模仿的人。这个时间需要的是自我-教育，而不是儿童-教育。要严格地做到真实，要时刻用爱去讲话，要尽量把每一个行动都做得又美又和谐，这些或许是影响孩子最深的东西。因为在学习走路、说话和思考的过程中，这个新来到世上的人是在为整个一生的所有真的、美的和善的一切打下基础。

第三年当中又有一个新的阶段开始了，这个阶段像是整个童年时代的中间阶段的一个缩小版。肯定的，孩子根本上仍然是一个活动和意志的动物，但这个活动呈现出了一种新的、前所未有的情感的品质。一方面，孩子很快就会学会吹牛说大话；另一方面，孩子表达亲爱的能力越来越强，而他们的拥抱和亲吻里也会带有一定的温暖。我们开始听到他们说"我喜欢"和"我不喜欢"，这是换牙之后才会出现的同感和反感的伟大阶段的一个前奏。

第四年里他会说"我爱"，他会向他的妈妈或爸爸或任何他亲爱的对象求婚。一个有温暖的家，能对任何事、任何人说"我爱"的孩子是幸福的。某父母想要知道自己刚刚三岁多的孩子能不能说出自己的情感的原因，于是会问他为什么爱妈妈或爸爸。孩子会开心地回答，"因为我爱每一个人"。

那样的小小一句话揭示了，孩子不仅在情感方面，而且在语言和思想方面都比更早的只说名字的阶段有了长足进步。现在孩子会给出原因了，而且会使用泛化的名称了。如果他的原因是来自他自己的意志和情感的话，那么他会很容易地给出原因，但当孩子被带入抽象的或泛化概念的领域时，这个年龄的孩子就会表现困惑，这个景象让人可怜，但这却是心理学家在挖掘推理能力的出现的过程中乐于使用的方式。孩子的思维实在是具体得令人欢欣鼓舞！一位心理学家记录下了和自己三岁半的孩子画画的情形，他和他画了一系列的大象，希望把"所有大象都有长鼻子"这个命题印在孩子的头脑里。然后他画了一头没有鼻子的，但是孩子并没有按三段论推理的方向进行，"这个动物没有鼻子，所以它不是大象"。他的头脑专注在了画那头特定的大象上面了，他问："这头大象有鼻子给你画吗？"在孩子尚不成熟、还没有准备好接受抽象概念之前就唤醒他对它们的意识是最糟糕的事情。推理和因果是需要逐渐地从情感和意志的具体体验当中产生出来的。

这个年龄的另一个征兆是孩子会大量说话。某个早熟的小孩被发现三岁的时候使用的词语不少于 1 020 个。重要的是，这些词里面的形容词和副词——共 182 个——几乎全都是在第三年当中获得的。因为形容词和副词会特别地表达我们对事物的*感受*。在第一阶段的言语当中，孩子会通过简单的单词发音来表达自己和事物的关系；现在他又获得了一批新的词语用来表达他的情感。

言语对大部分成年人来说已经蜕变成了仅仅是沟通的工具，但对孩子来说却不仅如此。这个活动会带来无比的喜悦。那个节奏的元素变得非常明显。孩子们不仅喜欢聆听、重复各种童谣，而且在这个过程中他们还会创作自己的有节奏的呀呀儿语。他们不论做什么，都会同时口若悬河地说个不停。但是皮亚杰很好地注意到，即便已经七岁了，孩子还只是自顾自地说个不停。有别人的时候，他们即便问出问题也并不期待回答，或者也不会因没人回答而懊恼。那些"为什么"的问题，会在三岁左右开始，皮亚杰认为大部分是用来对某事没有发生或者无法完成的情况表示失望，而完全不是一个纯粹的问题。他还注意到，假如成年人没有给出任何答案，孩子常常会自己回答。这种提问和回答某种意义上讲，与先前的先看再蒙眼的游戏具有相同特征，而且很可能具有类似的起源。成年人如果想利用这种提问的机会来开发逻辑与科学推理能力，哪怕只是以最基本的形式进行，那也肯定是完全错误的。

随着情感的成长，幻想就会出现，它会表现为，比如说，那种能发现形状和姿态当中的相似性的美妙的能力，对这种能力应不遗余力地培养。一个叉子把儿会突然变成一个人，一个橡果壳变成了煎锅，衣架变成了电话。家里的某个物件可能被抓来当作另一种东西，而孩子自己也可以任意地变成拖拉机、老虎、鸟或鱼。有的孩子在这个年龄会发展出一个想象的玩伴。孩子并不仅仅是在空中搭建一个城堡，像他年龄较大的时候可能体验的那样，他会出去和他的幻想创造出来的那个人物积极地玩耍。他的幻想，同样地，也会在他的意志的能量里得到表达。

大约五岁的时候，第三个阶段开始了。一方面，随着生长的力量降下来，他的双腿会变得结实，双手会更强壮、更有能力。另一方面，在这个儿童时代第一阶段的顶峰，带有头的特性的某种东西会唤醒。人们在这个年龄阶段注意到了很多有趣的事情。孩子现在开始问那些哲理性的问题，这些问题可能需要他们此后倾注一生的精力去回答，只不过他们可能会在匆忙而急躁的生计中把它们完全抛在脑后。要想知道孩子真正需要的是什么答案，最好的方法是告诉他你回头再给他解答，或者只是克制住自己不要回答就好，并且看看他会不会自己回答这个问题。孩子们自己给自己的问题找到的这些答案总是充满了喜悦的幻想，而且这种答案坚信的是动机而不是原因。例如，一个大约六岁的小女孩问："雨是怎么跑到天上去的？"成年人的思想更习惯于认为雨是往下落的，听到这个问题正不知该如何回答，这时候小孩声称她知道原因："因为天使们想要喝水。"一个人实在是必须能感受到他们的视角，并且获得一点他们的幻想天分，只有在这种条件下才有资格回答他们的问题。

即便在思考世界的时候，孩子也是从动机和活动出发去思考的。有时候心理学家们会让孩子们给出事物的定义，以便努力测试他们的思考能力。他们发现，这个年龄的孩子十分之九会根据事物做什么或你用它做什么来下定义。叉子是"用来吃饭的"；刀子是"用来把咸肉放在叉子上的"；母鸡是"为你下蛋的某种东西"；鼻子是"用来擤的"；梦是"夜里向外看并且看见东西"；等等。让小孩子定义任何东西都显然是愚蠢而残酷的。让他们通过哑剧扮演动物和其他对象，那才能让他们的天分显露出来。然而如今思维的元素比上一年要强多了。很重要的是，现在孩子们第一次开始在玩耍中假装死亡，并且认识到别人是会死的。但从各种意义上说这都是一个稳定而和谐的时间。孩子们有对错意识，并且总体上讲他们喜欢通过做正确的事来取悦别人。这是一个顶峰的阶段。一年之后，一些新的情绪因素会加入进来，部分孩提的和谐和平衡会受到干扰。

我们已经描述了，这第一个七年阶段是孩子整个一生的缩小版，只不过在这个阶段里，一切都是在意志方面以活动的形式表达的。现在我们就要考虑到换牙这个事件，正是这个事件标志了从这个阶段向下一个阶段的发展。

在最早几年当中，生长的力量集中在头部。尽管头部和大脑的发育在出生的时候就相对完成，但孩子在头脑方面的意识与成年人是不同的。关于这些生长力量的最有趣的事实是，它们会以特定年数为周期对物质身体的实质进行转化。事实上，这样的周期是每七年一个循环，这无疑和儿童成长的七年节奏有关系。从物质方面讲，一个人二十八岁的时候和二十一岁的时候并不是同一个人。随着人变老，这些转化就会变得不那么彻底，而生长的力量也会变弱，而它在头七年当中是最强的。但这不是这个阶段比其他阶段都重要的唯一原因。这个阶段还有一个独特的任务，就是把从父母那里遗传到的物质改造成由孩子自己的个体力量建造出来的物质。

施泰纳认为这第一次的物质转化非常重要，不论对孩子的身体还是头脑来说。因为在童年时代，在孩子从父母遗传到的东西与他作为自己的个人身份或自我带到世界当中的东西之间存在一种斗争。谈到这个，我们就触及了人类演进过程中最重要的一个方面。

在人类的早期历史上，遗传的力量是唯一重要的东西，而个性几乎还尚未从部落或家族式的群体当中出现。在古印度，你会遵守你自己阶级的*法*；在埃及，男孩们会跟随父辈的行业或职业；即便到今天，东方仍然有一种家族意识，它的程度是西方所不了解的。但在现代的西方世界不断演进加强的是个性的元素。正是通过这个元素，西方人废除了农奴制度，建立了民主制度，打破了性别歧视，推翻了社会传统——而如今却不知道自己的立场是什么。

在个体的生命中常常能明显地看到遗传与自我之间的这种斗争。身体特征上会打下很强的个性的印记，而家族的相似性会退到背景中去。托马斯·布朗爵士，《医生的信仰》的作者，一位毋庸置疑的敏感的医生，他把患者的特征中出现家族的形象当作接近死亡的征兆。个性已经在退出了，而遗传力量正在冲进来发起最后一波浪潮。如今的孩子们都有一种本能，知道他们应该发展出个性。当一位客人善意地说孩子长得像父母的时候，健康的孩子总是会感到一定程度的尴尬。

建立强健的个性的最重要的步骤就是生长力量在头七年当中克服遗传的力量，对物质身体进行适当的转化。大自然创造了条件，在最初几年当中，骨骼始终是柔软的、可塑的，甚至可以改造的。孩子身体里只有一个地方太硬了、钙化太深了从而无法改造——乳牙。因此在牙齿方面，大自然采取了另一种方式，那就是把它们抛弃，并且换上孩子用自己的生长力建造的牙齿。但是当遗传力量与孩子个体的力量之间的调整进行得不好的时候，这种斗争就常常会露出表面。从那些为数众多的疱疹性的儿童疾病上，例如麻疹，都可以看出来，有一些不和谐的元素正在努力穿透皮肤，这实际上就是机体努力地在把不想要的遗传的力量排斥出去。常常可以看到这种现象，某个小孩整体生长速度一直很缓慢，而一次麻疹发病之后，他的生长就出现了显著的进展。我们采取各种措施来防止这些疾病的发生对孩子并不是最好的事情，这些疾病实在是健康成长过程的一部分。看起来这个生长过程发生在那么深的层次上，乃至超越了我们的意识控制范围，而我们所能做的只是不要去干预自然。然而，我们是可以控制孩子的思维的，而我们针对他们的思维做工作并不是无视他们自己的生长力量。因此我们必须考察换牙对孩子的精神生命的重要性。正是在类似这样的节点上，我们才能最清晰地看到身体和思维之间的密切关系。

那构形的、生长的力量，它构建了孩子的身体，它不仅按照一般人的形象，而且是按照与父母或祖父母相似的方式来构建的，它直接就是一种承载形象或图景的力量。就像所有在物质实质当中表达出来的可见力量一样，它也和特定的身体部位有特殊的关系，腺体、基因，等等。但如果认为基因物质含有脸颊部分的轮廓、肩部的宽度或脚的形状，那就是荒谬的，那就像认为种子里面包含了实际的花朵一样——颜色、几何形状、质地，以及其他性质。生长的力量显然是理想的图景或形象的承载者，它随着时间的进展把这些图景或形象转化到空间和物质的世界里面，种子或胚胎是它进入那个世界的进入点。在我们自己的经验当中，我们只能把它比作艺术家注入自己的材料当中并最终实现物质的表达的图画的构想。

这其实不仅仅是比喻。因为在人里面除生长的力量之外，还有另一种承载形象的力量。思想也是图像的承载者，一种图景式的力量。思想在起源上完全是图景式的，而仅仅是随着时间的推移，抽象的思想才逐渐产生出来。如今的语言充满了僵死的比喻，一些曾经能够激发图景式体验的词语，现在却已经完全丧失了当初的鲜活的创造力量。然而最开始出现的时候，不论是在小孩成长中还是整个人类演进当中，思维都是一种承载图景的力量。

在生长的力量与人类最早的思维形式之间为什么会存在这种奇怪的相似性呢？这是因为，这两种力量其实是作用在不同领域的同一种力量。头一个生命阶段当中，这种力量的主要任务是构建身体，并且把遗传的东西转化为个体的东西。直到换牙的时候，这项任务已经完成了，它才从它的器官功能中释放出来，以便成为图景思维和记忆的力量。

在孩子换牙前的意识与之后的意识之间天然存在着巨大的区别，尽管很微妙。在那个年龄之前，孩子生活在各种图景和记忆构成的溪流中，这个溪流几乎是作为生长力量的一部分来工作的；仅仅是之后，孩子才开始掌握并引导它们。这个区别很微妙，因此常被忽视，但却极其重要。举个例子就容易理解了。人们已经知道，四岁或五岁的孩子会事实上逐字地复述一定长度的故事，有时候还会一边手里（倒着）拿着一本书，一边复述。但是假如你后面再让他复述同一个故事，他会什么也想不起来。那个记忆还不在孩子的掌控之中，它只是他置身其中的生命和生长的溪流的一部分。

成年人手里掌握着培养孩子思维习惯的力量，可以较早培养，也可以较晚培养。我们可以让孩子的意识唤醒，在很早的年龄就培养他的思维和记忆。然而如果这样做的话，就肯定会让孩子思维的范围变得更狭窄，尽管这样做可以让他在有限的领域内变得很敏锐。然而我们担心的是这对孩子的生长力量的影响。如果生长力量被从构建和转化身体的恰当任务中抽调出去的话，那么就会变弱；而且有机体的这个或那个方面将会遭遇障碍。因为就像记忆会把生命的两端结合在一起一样，早期生命当中埋下的虚弱的种子也会在成年以后结出果实。

每个历史阶段都会有它的典型的疾病，而我们这个时代的典型疾病当然就是各种硬化性疾病，并且那种我们称为癌症的非自然的生长也已经变得那么普遍。这些疾病说明，整个人类文明里面的生命力都已经被削弱了。毫无疑问，这有好多原因，但其中一个原因就是早期儿童时代的生长的力量没有机会自然地发挥作用。

孩子一换牙，第一批独立的思考力量就恰当地从机体的生长过程中释放出来了。美国还遵循老的传统，上学要等到七岁才正式开始，这是个好事。①在这方面，英格兰就不那么幸运，而那个新教育法案可以说是把考试的阴影向下一直笼罩到了幼儿园。但是吉赛尔是对的，他说，孩子在第七年里并不是在完善前一年学到的能力。"大自然给他的雕像又增加了新的东西。"②

注：
① 如今美国孩子上幼儿园的常规年龄是五岁。

——编者注

② 因为本书成于 20 世纪 50 年代，此前美国的趋势一直是不断推进智性教育，甚至给越来越小的孩子介绍计算机，现在甚至学前班就开始了。标准化考试造成的压力又强化了这个趋势，这和哈伍德提出的健康成长大相径庭。

——编者注

# 第7章 孩子的家庭与学校

最重要的事情，不论对家长还是老师来说，都是对孩子有一个正确的情感；而这种情感只能来自对儿童时代发生的一切的真正理解。这样的话，你在任何特定的时间和孩子相处的方式就会自发地从当时的情形中产生出来，而不需要由"原则"来决定，原则就像所有一般性的规则一样，应用在特殊情况下常常是根本不适合的。父母们会来咨询教育专家，他们和孩子相处时遇到特别的困难该怎么做，太常见的情况是，很显然需要改变的是家长自己，而且如果他们自己不改变的话，那么任何建议的行为方针也都不会成功。然而，如果能展示实践当中一些重要的后果来引起他们的注意，那么就可能会有帮助，这些后果都是儿童时代的头七年当中发展起来的。

孩子是从黑暗的子宫生出来的，前几个月大部分都处于睡眠的黑暗当中，并且即便出生之后，他实际上仍然是母亲的一部分。婴儿必须对白天的光觉醒，并且届时也对自己的独立存在的事实觉醒。

实践当中，所有现代儿童都被唤醒得太早了，人们一般是以卫生的名义这样做的。他们刚一生下来就要被洗干净，而且这种清洗活动会以很高的频率反复地实施。他们会接触到光；在妇科医院里，他们常常被从妈妈身边抱走，只有喂奶的时间除外；来探望的爸爸只能隔着玻璃窗看见他的小孩；而且，为了让孩子们适应声音不受影响，那里从早到晚整天都开着收音机，其实只有护士喜欢这样。

即便是条件更为自然的地方，那些影响也以广播和电视的形式渗透着现代家庭，而现代生活方式迫使父母用汽车带着孩子到处转，而以前他们会把他们放在托儿所里，这些因素都会让孩子过早成熟。毫不意外，心理学家们发现孩子们有那么多的恐惧。比如，吉赛尔就发现，二到七岁之间所有年龄的孩子都有持续的恐惧。五岁据他描述是唯一没有恐惧的年龄，但是五岁半之后又会变得非常恐惧！

假如在前几个月以及前几年当中保护孩子不要被过早唤醒的话，那么很多这样的恐惧都能避免。新生儿应受到良好的保护，尽量避免打扰，避免强光和大声，而且要始终待在妈妈近旁，因为他们仍然由同一个生命体包裹着。孩子应该尽可能在家出生，而且至少前三个月的生命当中都不需要离开。随着他逐渐活跃，一个要点是一定要让他按自己的节奏成长，而不要刺激他抓东西、看东西或爬行。同样重要的是，不要努力提高他的说话能力，不要不停地鼓励他说出事物的名称，而是让他按照自己的速度去发展。他需要的是，那些成年人说话要清晰、要美，还要有爱，因为他会聆听并模仿他们的言语。因为孩子对他周围的语音的情态和声音是同样敏感的。那种非个人化的、新闻发言人式的话语不是他需要模仿的。妈妈的歌声，不论唱得多么糟糕，对她的婴儿来说，都比最好的录音要好得多。吉赛尔发现，七岁前，孩子相对收音机会更喜欢录音机。他给出的原因是，他们能看到它工作的情况，而且能"重复地听同一个曲子"。他没有提到音乐录音和妈妈自己的歌声之间的比较——毫无疑问，那可悲的原因在于如今几乎没有妈妈会给自己的孩子唱歌。不幸的孩子只能在这种和那种声音复制形式之间选择。

　　到了三岁——这个阶段的中间阶段的开始——他们需要更多种类的玩具和物件来玩耍，一定要确保他们周围的东西是美的，而且要富于想象力。太多的图画书里尽是丑陋的卡通式的人和动物；太多的玩具看起来令人惊骇，摸起来冰冷坚硬。玩具总是应该能够让孩子的肢体活跃起来——而不是让他来看的。一个木头的、能推动的火车头比一个发条驱动的火车模型要好得多。孩子的本能实在是常常比父母的选择健康得多，即便在发条装置还没有坏掉的那很短的一段时间里，他们也会推着那个发条驱动的火车头往前走。而且玩具最好不要是终极完成的。因为孩子刚刚发展出这种幻想力，他总是会假装某个东西是另一种东西，而一个现实主义的娃娃或者一个完美的房屋模型就不能给孩子留出发挥想象的余地。成年人常常很奇怪，明明给孩子买了全新的、眼睛会眨动、所有的关节都能活动的娃娃，可他们还是更喜欢那个没有面部细节的、缺了一只眼和一条腿的旧娃娃。可以准备许多形状不规则的木头——最好上了颜色——孩子可以任意地把它们变成鱼、树、兔子，或印第安人，这样激发想象力的效果比传统的积木盒子要好得多。在户外看孩子用树枝、树叶、草和苔藓建造宫殿是多么令人开心的事啊！他们喜欢能搞来捏塑的任何东西，沙子、黏土，还有"肮脏的泥巴"，还有小心翼翼地从烛焰下挖出的热蜡。天然材料的触感本身就不同于如今广泛用来制作儿童玩具的复合材料和塑料。成年人如果愿意趴到地上真和孩子一起玩的话，那么他就可以对材质培养出新的审美，并且对周围的对象的形状和姿态产生新的感觉。

孩子总是会玩手头拿到的东西。带他们去一个风景迷人的地方，他们只是会捡起地上的一个旧盒子或者罐子，把全部注意力都集中在那上面。他们不需要很大的地方。一个小花园就是个公园，一个小土丘就是珠穆朗玛峰。许多人小时候就从家里搬出来，在他们的记忆里，家里的花园小径感觉就像高速公路，家里的草地就像大草原，如果再重新造访儿时的场景，他们都无法相信自己的眼睛！小孩常常更喜欢在自己的花园里玩，而不是由父母带上专门为他计划的宏伟旅程。这当然对他更好。[①]

对孩子来说，世上的每个事物都是一个礼物，而对给予者表达感恩则是自然而恰当的。我们必须还要记住，到现在为止，我们还不应该称世界上的任何东西是邪恶的。孩子本能地认为每个事物都是善的，他把这个本能带到了地上。就像圣弗朗西斯一样，太阳、月亮、水和火都是他的兄弟姐妹。你看他，用他那神奇的慷慨的本能把他的饼干给你，但是当你拿过来假装吃了它之后，他又会把手伸出来准备把它拿回去。因为他们对待物质事物的方式就好像它们遵循着精神的法则一样，也就是你付出得越多就会收到越多。童话故事也讲到永远倒不完的杯子，以及装满好东西的钱包永远都是满的。付出是不会让爱消耗的，而是会让它越来越充足。

接近五岁，第一波真正的所谓意识思维的力量开始出现，孩子可能就适合上幼儿园了。但他仍然需要父母做许多事情——晚上讲故事，回答问题，帮助玩耍。某种意义上这个年龄可以比作青春期；这两个阶段我们都极其容易以为孩子变成熟了，而实际上他们并没有那么成熟。即便是这个年龄的童话故事也仍然应该保持简单，不要唤醒太多的思维，也不要有太深的情感摆动。当孩子问"干吗"和"为什么"的时候，要尽量用他们的词汇来思考，并且用前面举过例子的那种幻想来回答。假如孩子问："为什么圣诞节的时候树会脱去彩色的叶子？"不要给出科学的解释。因为孩子自己给自己找到的答案完全不会是科学的解释。她会说："因为他们希望神给它们穿上洁白的衣服来庆祝耶稣的生日。"当孩子仍然从个人化的动机和个人化的价值来思考世界的时候，我们就先不要急于唤醒他们对非个人化原因和机械力量的意识。假如某个问题你实在是回答不了，那么就告诉孩子他问了个很难的问题，你等到后面再给他讲一个关于这个问题的故事。这样你就有时间想了；或者，假如你幸运的话，他可能自己就找到了答案。

这是个提出伟大问题的年龄，并且许多孩子现在都会问父母："我是从哪来的？"他们常常会得到那个平庸的回答："从你妈妈的肚子里来的。"而父母还会为自己的摩登和坦率而自鸣得意。这个答案完全没有想象力，而且带有错误的暗示。因为我们怎么就能假定孩子说"我"的时候想到的仅仅是他的物质身体呢？或许也只有现代人才可能做出这样的假定。孩子们常常比他们的父母更有智慧，他们会告诉他们，自己是"从天上来的"。回答那样的问题实在是对幻想能力的练习。随着孩子长大、长得更强壮，他们越来越容易对财物和他们自己造成伤害，家长们会很容易与他们陷入直接冲突，然后双方之间常会爆发意志的战斗。四至五岁的孩子通常会把这种事情发展到极端，而家长们如果知道下一个年龄阶段会更温顺的话，他们通常都会舒服一些的，那下一个阶段当然也有那个阶段的困难，但不是这种困难。父母一定要记得，孩子的整个的生命都是在意志当中的，并且，如果他在想做的事情当中遇到了挑战，那么孩子的整个生命的光就熄灭了。他无法用希望、记忆、比较或升华来抚慰自己。毫无疑问，常常需要毋庸置疑地说"不"，但培养出一种在任何情形下都保持正向思维的能力也同样重要。假如你的孩子想要玩一把锋利的刀子，那么不要简单地拒绝他，而是让他找一个可以削的东西（从多远的地方找都没关系），并且给他展示这个刀子是多么可怕的锋利。最重要的，即便你的时间很少，即便你非常疲惫，也一定要特别重视每天和他一起*做*一些事情。不要忘了，当你坐下来读报纸的时候，你（在孩子眼里）实在是在招致人神共愤。为什么你有手有脚，却不运用它们。站起来搞个游戏。这完全不是简单的事，但家庭是需要资源投入的，毫不亚于商业或战争。那个孩子是你的责任。

* * *

学前班或幼儿园，在教育领域是非常现代的发展。过去的年代人们都满足于把小孩子留在家里照顾。就连公共意识最强的希腊人，在七岁之前都不进行任何公共教育。随着幼儿园的兴起，我们必须某种程度上悲哀地承认家庭地位的衰落。大家族——总是有新的孩子诞生——有宽敞的房间，巨大的花园，就像过去几个世纪当中富裕阶级的家庭那样，毫无疑问，那是童年第一个萌芽最理想的土壤。但生活在某个方面对穷人的孩子甚至更友善。它给他们提供了多得多的可以模仿的东西。不论城里还是乡下，人们都用双手在工作。甚至在城里，除了主要街道之外的地方也都是可以安全玩耍的；有走街串巷的生意人——补锅的、磨刀的、修椅子的，等等——总是有一群孩子围着他们——构成了每天的奇观。

任何人如果小时候生活在 20 世纪初的城市里的话，那他肯定会记得看见一群人开凿路面的神奇景象，他们的油锤发出有节奏的声音序列，而他们挥舞的油锤总是准确无误地落在冰冷的凿子头上。和今天的手提钻是多么不一样呀，当你经过的时候那手提钻的噪声都要把你震碎！想象一个孩子模仿马车夫驾驭一队马的动作——挽着缰绳，抽响鞭子，大声吆喝——和一个孩子抓着一个玩具方向盘模仿着齿轮的噪音，这两种运动的对比多么强烈呀！现代的小孩很少能见到成年人在日常工作当中把肢体的运动完全地施展出来。过去一个世纪童年体验的变化恐怕比古代罗马或巴比伦时代以来整个时期的变化还要巨大。小家庭，小房子，更小的公寓或套房，玻璃纸包装的终产品，凶险的公路，妈妈们的工作机会（从而也意味着必需）——这些都改变了孩子的世界。"文明的缺失"不得不由幼儿园来补偿。

　　小孩子不是社会存在。如果你为三至四岁的孩子们办一个聚会，那么每个孩子都会拿个玩具到一个角落去，要是没有超过两个孩子想要同一个玩具或同一个角落，那你就该谢天谢地了。皮亚杰在儿童屋观察到，孩子五岁之前都是独自工作（玩耍）的，之后到七岁半可以两个人玩，但只能以短暂的方式。只有到那个年龄以后才能真正出现合作的欲望。吉赛尔也发现，五岁孩子可以在两三个人的不固定群体玩耍，但他说，如果他们仅仅不得不适应老师或父母的话，孩子们的生活会更轻松一些。这些观察看来不是支持把小孩子组成班级的很好的理论基础。从负面来讲，这说明小孩子最好留在家里，即便是以巨大的牺牲为代价，至少要到五岁为止。从正面来讲，这说明幼儿园应该尽可能不要像学校那样，而应该尽可能像家里一样。

　　因此，最好的幼儿园老师都是那些最善于营造家的氛围的人——可能最理想的是一些成熟的人，甚至老人，他们已经带起了自己的家庭，并且通过丰富的人生经验实现了一种精神的宁静，这种精神的宁静常常就是最幸福的祖孙关系的代名词。老师也并非必须是女性。有很多男性——甚至退休的男人——都和小孩子相处得很好。罗伯特·欧文是19世纪初的一位有趣的企业家，他在那么多领域里都是先锋人物。他为自己的员工创建了一所子弟学校，他对幼儿园老师的挑选很有趣。他注意到了一位老年工人，这位工人屁股后面总是跟着一群孩子，并且他总能从口袋里拿出什么东西来娱乐他们。他既不会读也不会写，但欧文却让他当老师，去带最小的孩子，这是个完美的成功。

　　当某一天人们真正意识到幼儿老师对孩子未来的生活有多重要的时候，那样善良正直的人们几乎都要像柏拉图所说的监护者一样，专门负责照看小孩子的崇高工作。而如今，高中老师和大学老师被认为比那些最重要的年龄段的孩子们的老师重要得多（并且当然获得的报酬也高得多），这也反映了我们当前对儿童时代的理解以及我们的文明现状。从华德福学校的经济理念来看，他们的价值是相等的。

从这个年龄的特性明显地可以看出，幼儿园的很多时间必须花在自由玩耍上。正是在这里，可以为家长们示范，如何提供艺术性的玩具，让四肢实现最自由的、最健康的运动。许多现代玩具和幼儿园装备都倾向于限制孩子的活动和禁锢孩子的幻想。所有那些必须仔细地把部件拼接起来的玩具都属于这类：那些拼图玩具，里面的片段和整个图画的形状和颜色没有任何联系，以及那些人为地教孩子算数运算的装置，而算术运算本来是可以通过真正的运动来学习的。如果他们应该用锤子，那就让他们用锤子来真正地制作一些东西，而不是仅仅把插销敲进孔里。如果他们必须锯，就让他们锯一些以后可以用的或者可以玩的东西。

玩具应该不仅用来刺激自由活动，而且应该在形状上充满幻想，色彩上令人愉悦。一个可以让两个孩子在里面摇的船就可能成为一只梦幻之船。一个攀爬架不要做得仅仅像是脚手架，而是可以充满了惊喜，像是真的树一样。木马不一定做得那么现实也可以摇。一个小房子，带一个门让孩子可以进去，带几个窗子让孩子可以探出头来，就可以用来当作《糖果屋》里面的小屋，而不用组装一个现代活动房。在现代的设备里太经常缺乏幻想的元素，尽管它给孩子提供了很好的活动机会。

哪怕只有一个小花园，也可以做许多事情：蜿蜒崎岖的小路互相连接把空间分隔开；一个有路的土丘，让孩子可以跑上跑下；一个土堤让孩子可以跳下来；一棵放倒的树、一些灌丛让孩子可以躲藏或者绕着跑；一两个木栏让孩子可以翻越；两个树篱之间一块黑暗的地方，在这里你可能会遇见一条龙。这些能提供普通的秋千、滑梯和攀爬架完全没有的东西。并不是说不应该要后者，但考虑到物理的肌肉的同时还要同样地考虑到精神的肌肉，而孩子们渴求的是一些能帮他们扮演的东西，一些能够供应给他们的幻想的品质。

如果孩子把所有时间仅仅用来自由玩耍那是不够的。事实上，如果任由他们自己决策的话，那么一定程度之后他们就会变得不安和无聊。他们需要一些事物和人物来模仿。他们不会自发地形成社会群体，但是假如成年人发起一项活动的话，那么他们就都会模仿，并且开心地、肩并肩地共同做起同一个任务。孩子们可做的事情那么多：揉面团做蛋糕，以及各种简单烹饪，缝制填充娃娃和动物，扫地、擦桌子、洗东西、翻地、播撒种子、栽种球茎——事实上任何孩子们会看到并且希望模仿的积极的家务劳动都是很好的模仿材料。一定要牢记的是，这些小孩子学习的自然方式是通过看和模仿，而不是靠系统化的教学。在这个年龄"教"他们东西等于是在扼杀他们自发的天赋，这种天赋对于他们后面的人生来说是那么重要。而让他们看一些他们甚至暂时无法模仿的活动也是很好的：在手工织布机上纺纱织布，制作陶器，木匠或管道工如何工作，园丁修剪果树。因为我们应该帮助孩子们认识到，还有很多的事情他们尚且做不到。要告诉他们："等你们大一些了就能做这件事了。"这样会肯定他们成长的感觉。

幼儿园最重要的一项任务是通过有节奏的运动、彩绘和泥塑，为他们即将进入的艺术性表达的年龄阶段做好准备。最重要的是，这些活动的开展方式都必须要确保孩子们能够自由地模仿。假如通过训练让他们对四肢运动的意识过强的话，那么后面的年龄阶段当中他们的思维力量就很可能会变得迟钝。假如让他们给已经画好的轮廓线填充颜色，有时甚至用要求的给定颜色填充，或者按有规律的序列填充图案，那么等他们再大一些的时候，就很难思考颜色的自由的互动，甚至想象出生命中其他力量的自由的、创造性的共同作用。如今"模式"这个词在个人行为和社会生活领域里用得很多，部分原因可能正是因为，如今太多的成年人年轻的时候老师就是用模式来教他们的。

孩子们应该把色彩看作有生命的、活跃的实体。在罐子里配好的水彩颜料会自由地流淌，如果画纸够大，而且事先用水浸湿那就更好了。假如某个孩子把整张纸全涂成红色，另一个孩子把整张纸都涂成蓝色，那也没有关系——这只是气质问题——他们在把颜色涂到纸上的过程中就能感受到色彩的流淌。孩子们也不是必须要画某种东西。如果他们自发地宣布自己画的是什么，那么很好，尽管他们看到一些新的形状浮现出来的时候常常会改变想法。但是假如成年人没完没了地问他画的是什么的话，那只能让他们紧张。"你们大人总是什么都想知道，"据记载，一个小孩在那种情形下这样抗议。"你们真贪婪。"不应该刻意地努力。只要孩子能爱上那红、蓝、黄三原色，并且通过运用它们认识到它们是多么不同，那就足够了。

泥塑也应该以类似的方式进行。真正的泥塑黏土对触觉来说比人工的介质更健康，但必须要调到正确的黏度，否则会太硬，手指捏不动。在孩子们工作的过程中——每人大大的一块在板子上——有些形状会浮现出来，看起来像这样或那样东西。但它又很快会变成别的东西，而那个东西又会消逝，整个过程重新开始。届时，老师会安静地塑造一些简单形状，这个形状的姿态可能看起来有点像奶牛，或鹿，或小矮人，但不要过于现实主义。有时候孩子会喜欢自己的模型，想留起来以后玩，但一般来说大部分都要收回来装在桶里留待下次再用。活动本身才是重要的。

歌唱和歌唱游戏是幼儿园的重要部分。也有可能以一种非常简单的方式开始进行音韵舞，这是鲁道夫·施泰纳开创的一种新的艺术运动。因为音韵舞对教育具有深远的影响，所以必须安排专门的一章讲它的特性和应用。这里只是简单地说，它是一种针对音乐和言语的运动。所以孩子们可以把一个简单的小故事表演出来，根据故事里面的词语安排动作，但这里还是一样，要允许他们以自己的方式自由地模仿那些动作。讲故事，这是另一项重要元素，这可以很容易引出表演。对更大年龄的孩子来说，复述故事是好事，但是在这个年龄阶段，生长的力量还没有完全释放出来成为记忆的力量，所以现在调动记忆力是不正确的。但是在表演故事的时候，孩子们常会自发地想起一段话或一段歌谣或一段咒语。他们是在意志里记忆的。我们应该牢记，跟孩子可以一遍又一遍地反复重复相同的东西。他们并不总是像他们的父母那样渴望新奇的东西。他们甚至喜欢听一个故事一字不差地重复地讲，如果有不一样的地方，他们甚至会纠正讲故事的人。这种重复本身恰恰就是对意志的一种练习。

在一天的顺序安排当中必须要有节奏性的重复。孩子们都到了之后，早晨一开始应该先做祷告，再唱一唱歌，或许让他们讲讲自己的消息，这样如果某个孩子有特别迫切需要讲的事情——一场火，或者一个婴儿的诞生，或新来的小猫——都可以讲出来，让自己放下这个负担，并且享受自己的重要性。然后是一天的主要活动：某一天是彩绘，第二天就是泥塑，第三天就是表演，等等。接下来可能就该上午加餐了，这个环节不论做得多么雍容华美、多么富有庆祝色彩都不为过，包括念感恩辞。这个环节之后孩子们会散开进行自由玩耍，要么室内，要么室外。假如孩子们只有上午能来，那么这些就足够了。如果社会条件要求他们必须全天入园，那么还必须安排午餐、休息、等等。但这样一来，孩子生活的平衡就太过于从家庭向学校倾斜了。即便是最好的幼儿园也代替不了家的平静、安全和个人化。

再大一些的年龄，孩子们有时候喜欢保持家庭和学校生活之间的独立。如果家长太多地询问他们在学校都做什么的话，他们甚至会感到愤怒。但在幼儿园年龄阶段，这种对隐私生活的渴望还没有出现。恰恰相反，在这个年龄段，重要的反而是让孩子感到家和学校之间最大程度的合一。这并不意味着家长应该整天混在幼儿园班里让幼儿园老师感到尴尬，但是孩子应该知道，幼儿园里发生的事情在家里也会被认为很重要，而家里发生的事情学校里也会关注到。

有一个生活领域的家校合作可能会特别有效，不仅幼儿园年龄段（尽管基础是在这个阶段打下的），而且适用于整个学校生活。孩子们对季节变化的感知比大部分成年人要敏锐得多。发现第一朵春花，秋天的颜色，雪的白色奇迹，仲夏日的辉煌——所有这些都像他们呼吸的空气和他们吃的食物一样密切地影响着他们。

注：

① 很多华德福老师都观察到，那些大量接触电视、电动玩具和电子游戏的孩子们对任务的专注能力和机智灵活、富于想象力地玩耍的能力会受到影响。

——编者注

# 第8章 儿童时代的核心

在整个教育史上，七岁始终被当作高度重要的一年。在古希腊，这个年龄的小孩就会离开妇女的生活区，由教师带领着穿过拥挤的街道到学校去。在中世纪，贵族阶层，同样在这个年龄，孩子会到一些大领主家中做七年的小侍从，一边听差，一边学习宫廷礼仪和良好的教养。七年之后，在青春期，更低贱的同龄人都在做学徒，而他会成为一名乡绅，或者去大学读初级的七年课程。在过去的年代，人们对人生的七年节奏的重要性有一种本能的感觉，并且人们都认识到，孩子七岁的时候就可以用一种以前不可能或不适合的方式进行教育了。只是现代思想才忽视了孩子的成长过程有不同的阶段，这些阶段都以各种新能力的诞生为标志。

从换牙到青春期这段时间尽管会发生巨大的变化，但中间的这七年当中是存在连贯性的，有一条以上的线索把这个身体、思维和情感显著成长的阶段的许多特征串在了一起。因此，最好先对这个阶段做一个整体的综述，然后再考察里面的多样性和变化。这是一个特别重要的阶段，因为生长的力量与唤醒的意识的力量正在中央的韵律系统相遇，这个中央的韵律系统我们已经看到了，它既是头脑系统和肢体系统之间的桥梁，也是二者之间的障碍。那前一种力量，它们在头七年当中让头部实现了那么高度的可塑性发展，现在开始在身体的各种节奏过程中活跃起来。后一种力量，它们截至目前一直给孩子供应着活跃的意志生命，现在开始赋予他各种情感和想象的品质，这些品质都依赖于韵律生命。心的各种力量，既包括物理的也包括精神的，现在都开始发挥作用。这个阶段实在可以称为"儿童时代之心"。

这是一个自由韵律活动的年龄。孩子们会单脚跳、双脚跳、踮脚跳，坐在高高的成人椅子上摆动双腿，跑起来像走路一样自然，他们做任何事情的时候都会实践他们的节奏的力量。背诵的时候，他们会自然地强调节奏（事实上大部分诗人也都是这样做的），比成年人认为合适的程度还要更夸张。他们唱歌的时候音准可能还不完美，但你极少会听到他们不合节拍地任意拖长音，像较小的孩子们会做的那样。希腊教育就特别重视培养这些节奏的力量。带有节奏特征的体操练习、莱雅琴和长笛演奏都是希腊学校教纲的主要部分。希腊人会认为任何缺乏节奏特征的练习都是野蛮的、非人性的。我们常见的那些西方球类运动肯定都属于他们谴责的那种。在荷马的《奥德赛》里，娜乌西卡公主和她的侍女们（洗完了家里的衣服之后）在海滩上玩球，她们一边来回抛球，一边唱歌。她们其实是在玩一种歌唱游戏。我们现代的女孩不会一边打网球或曲棍球，一边唱歌，我们的男孩们也不会一边踢足球或打棒球，一边唱歌。

我们今天无法让希腊的教育形式起死回生，但我们可以尽可能多地把节奏带到我们的家和学校里。这自然地就包括唱歌和演奏乐器、用心学习和背诵，以及随着音乐运动。最好每个孩子都从竖笛开始，不论他以后会演奏什么乐器。因为管乐器要用到呼吸，所以韵律系统和音乐之间的联系最紧密。但节奏还包括许多其他的事情。这意味着，不论在单独的一天当中，还是整个一年当中，都应该充满节奏性的重复。孩子们都喜欢同一件事在同一个时间被不断重复。任何老师如果曾经因为紧急需要被调到一个陌生的班级带过课的话，那么他都会知道，要是不遵守那个班的习俗仪式，将会激起多么强烈的愤怒。有规律的吃饭时间，有规律的睡觉时间，在家里和学校的各种有规律的任务——这是健康、幸福的儿童时代的骨架。教育家们有时会害怕太多的重复会造成"习俗的蛋糕"——像米底亚人和波斯人的法律一样改动不得——因此会扼杀创造性。但这样想是忽视了各年龄阶段的不同特征。因为小孩会模仿，到了青春期他们就不会继续模仿了。他们在一个年龄阶段热爱重复，这并不意味着他们会继续永远重复下去。恰恰相反，在这个年龄（一定程度上包括所有年龄），重复是意志的练习，它所强化的恰恰是将来的原创性所依赖的品质。正是智性的人们才会对重复感到厌倦。正是这个智性的时代摒弃了老的、宗教的仪式形式，取代了布道和即兴祷告。如今每出戏剧都要有新的故事情节，每一部侦探小说都要展示一些新鲜的天才的技巧。而当季节带来习俗的节庆、歌曲和戏剧的时候，过去时代的一些东西就仍然会活在孩子里面。年复一年，他们会期待着相同庆典的回归，圣诞节表演的相同的圣歌和相同的戏剧，里面讲的马厩里诞生的故事总是相同的，但又永远都是全新的。除非儿童时代也丧失了自己的传统，否则总会有季节性的游戏，有的季节玩弹球，有的季节玩陀螺，有的季节玩铁环，有的季节玩风筝。在弹球的季节没人会瞧一眼陀螺，同样，风筝季节到来之后也没人会瞧一眼铁环。

尽管这些都很重要，但韵律生活还有更微妙的方面，在如今的教育当中也几乎没有考虑到。所有的节奏，不仅仅是心和肺的节奏，都和吸入和呼出的过程密切相关。每个白天都是吸入新的体验的时间；每个夜晚都会在睡眠中放开白天中抓住的那些不论好坏的东西。每年当中都有冬天的收缩过程，生命会深深地沉入地下；还有夏天的扩张，它会随着花粉扩张到很高的大气当中。人生本身也是在童年和青年的吸入过程与老年的呼出过程之间摆动：出生时都是从吸气开始，这口气带来了地上的第一次体验，死亡时是以呼气结束。

当鲁道夫·施泰纳给第一所华德福学校的老师们讲座的时候，他曾经把他们的任务描述为教会孩子们恰当地呼吸。他的意思当然不是说老师们应该让孩子们做实际的呼吸练习，而是说他们应该通过一天当中的课程以及每节课的形式的安排来确保，在新体验的吸入过程和意志活动的呼出过程之间总是要有交替互动。

我们怎样帮孩子准备好夜晚他们的精神呼出到睡眠世界的过程？肯定不是通过上床之前给他们兴奋的体验，也不是让他们写作业写到很晚从而刺激他们的思维。孩子早晨的第一件事是吸入新的思想和主意，让他们能在意识主要存在的地方——在大脑和智力当中变得清醒。然后应该是韵律活动，唱歌、音韵舞之类的。之后是学校一天内容的皇冠，用他们的双手和身体做一些健康的工作，手工、木工或园艺。这样，孩子就在学校的一天里按正确的顺序运用了自己的力量。在现代，孩子们要是能做些活动而不是整晚坐在电视机前，那就太幸福了。活跃的兴趣爱好对家长来说可能意味着更多麻烦，但对孩子却好得多。如果说如今的孩子们需要别人帮他寻找家庭活动的话，那毫无疑问部分是因为社会状况。但这也说明在他们早年的时候有些东西被扼杀了。汤姆·索亚和哈克·费恩要想在空闲时间找点事做一点都不困难。不论在家做什么事，孩子上床之前都最好有一段安静的时间：讲一篇故事，唱首歌或演奏一段音乐，然后在床上做一段祷告。然后孩子就准备好踏上通往睡眠与梦的世界的旅程了。孩子和成年人把什么样的内容和情态带入梦境绝对不是无关紧要的事。

我们不仅仅是在一天或一年的安排当中才关心吸入呼出的过程。整个的情感生命，它在儿童时代中间这几年当中都是那么强烈，会让孩子处在同感和反感、欢喜和忧伤、希望和恐惧等那些相反的情态之间的永恒的摆动当中。忧伤会带来一个收缩的过程，既包括精神的收缩，也包括身体的收缩：我们抽泣和痛哭的时候就会吸气。笑会让精神扩张，并且会在一串庞大的涟漪中把肺排空，那涟漪会震动整个框架，如果笑到失去控制的话，甚至可能会造成巨大的痛苦。在忧伤当中我们会向内看，并体验到我们自己的自我。许多孩子都是觉得受到了不公平对待从而到花园里独自抚慰忧伤的时候，才第一遭地意识到了自己的个体性。在欢笑中我们会放弃我们的自我，我们消融了。智障者因为还没有获得那个自我，所以就总是在笑。非常古老的雕像，来自人类的自我诞生之前的时代的雕像，就总是带着那种古香古色的微笑。喜乐和忧伤的情形也适用于所有两极对立的情绪。孩子们多么深深地热爱在两极之间摆动啊！他们多么能爱，又是多么能恨！他们总是有一种最喜欢的颜色，一种最喜欢的花，一种最喜欢的果冻。他们不喜欢的东西都是可怕的、令人作呕的、无法用语言表达的。而且他们变得多快呀！一个小女孩可能和一个朋友推心置腹了一个星期，而一星期之后一提到她的名字就会做鬼脸，可是几天后她们又牵起手臂来了。

对于儿童时代的这个中间节段，没有情感的生活几乎是无意义的。在每堂课当中都应该有情感的摆动，有欢笑的时间，也有让孩子们感到有些难过的时间，有时甚至到了流泪的程度。他们会多么多情地对一棵孤独的树、一株垂死的植物、一个受伤的动物感到同感呀，他们多么善于捕捉到任何哪怕只能提供最小限度的发笑的借口的怪癖来大笑一通啊。不应该想象童年时代可以，或者应该，完全是快乐的。在西方，快乐被认为是人的权利。我们生而有权拥有"生命、自由并追求快乐"。在东方则流行着不同的观点，更接近佛所说的，出生、人生和死亡都是痛苦。追求快乐没有错，但独占式地期待它或要求它则是在招揽灾祸。只喜欢开心的，却逃避悲伤的，甚至在西方也只是现代才有的现象。整个一生当中，狄更斯的悲天悯人和他的幽默感同样让人敬仰，当他从他的书里读一段话的时候，听众被泪水震撼的程度毫不亚于被欢笑震撼。今天没有任何一个幽默大师（或许查理·卓别林除外）尝试过这种悲天悯人，或者认为应该这样做。结果就是，在遭遇灾难的时候，西方人常常会被压倒，要么他就从那本来能够让他的生命变得无比深刻而丰富的体验逃避出来进入某种肤浅的排解当中。

当然了，故意给孩子们带来实际的不快是不对的，而为了让他们快乐而对他们不诚实、向他们隐瞒悲痛的事同样是不对的。但在想象当中他们有一个深沉的渴望，想要遇到喜乐和忧伤以及所有精神能够感受的情态。甚至略去所有故事、包括童话故事里的那些常常出现的可怕的事物都是错误的。恐惧也是生活的一部分，而孩子们总会找到一个发明恐惧的方式，不论大人多么努力地挡住它们。故事必须适合孩子的年龄，但所有好的故事，就像生命本身一样，都充满了丰富多样的情态和情绪。

有一种情感无比重要，在儿童时代一定要培养。孩子天然丰富地具有神奇赞叹和虔敬的能力。世界充满了神奇，而成年人是拥有巨大能力和普适知识的存在。不幸的是，这种神圣赞叹的感觉很容易蜕变为对人类的聪明才智的崇拜，这种聪明以俏皮话和技术装备之类的东西为代表。对老师来说，一定要非常认真地考察这天的课程会营造出什么情态，这一点更为重要得多。有那么多的课本，那么多的广播和电视节目，那么多百科全书，还有，哎呀，那么多老师，他们的目的都是迅速而简便地传授知识，而不要任何希腊人称为哲学的起点的那种能力元素——神奇赞叹。这真是一件奇怪的事，这个发现了那么多宇宙的神奇的时代居然会那么无比缺乏神奇赞叹的感觉。

然而恰恰是这些发现提供了丰富的机会，如果正确利用的话，可以培养神奇赞叹的能力。举个简单的例子：学校通常会以多么平铺直叙、就事论事的方式给孩子讲那个热胀冷缩的法则，所有物质都会遇热膨胀、遇冷收缩，只有一两个不起眼的例外，例如铋和水在刚刚高于冰点一点的温度上会反膨胀。然而那个一致过程的这后一个奇怪的逆反恰恰就是地球这个星球上的一切生命赖以存在的基础。假如水在接近冰点的时候仍然继续收缩的话，那么冰就会比水重，就会下沉。那么两极的海域早就成了固体的冰块了，它会不断扩张并把整个地球都冻起来。但是刚好在冰点之前，这个收缩的过程反转了过来，水开始扩张。所以冰会浮在表面，海洋就不会冻结，而地球上的生命才得以繁衍。应该通过给孩子们讲这些事实，唤醒那种过去所谓的"敬畏"的感觉。如今那种感觉已经所剩无几，这一点从弥尔顿里面的"aweful（可敬畏的）"蜕变为现代语言当中的"awful（可怕的）"这个事实当中反映出来。

不仅仅神奇赞叹的感觉本身很好。在人生中，随着我们成长变老，一种品质会转化成另一种品质。神奇赞叹的感觉会转化成一种如今空前稀缺的品质。那是如今少数老人仍然拥有的一种美丽而又无法定义的品质，他们走进任何一个社区，都能营造出一种仁爱的情态，一种向他们遇见的人传递祝福的情态，就像早春寒冷的一天的温暖的阳光的祝福一样。如果考察那样的一个人的一生的话，那么总的来说都能发现，他们小时候能够用神奇赞叹的感觉去看待世界，并且用虔敬的感觉看待他们圈子里的一些成年人。这种儿童时代的虔敬的景仰的感情到老了以后会转化成难以估量的传播温暖和祝福的品质。

在学校里，这种品质比任何直接的学术或竞技体育方面的成功都更值得规划和追求。为了实现这一点，第一个先决条件自然是要找到正确的老师，不论男人还是女人，他的思维需要够丰富，要真正投入自己的任务当中。但一旦他们到了岗位上，那么通过学校的组织方式就无法再给他们提供任何帮助了。频繁更换老师不利于培养更深的个人关系。老师需要时间来理解孩子，而孩子也需要时间来欣赏老师，以利于恰当的尊重和亲爱关系的建立。因此，传统上中间这几年的小学老师都是跟班走的，可能的话尽量跟到性成熟。不是说他成天都要和同一群孩子在一起，而是他总是在早上第一堂课的时候迎接他们，并且总体负责他们在学校的福利和进步。经验显示，通过这种方式可以在老师和孩子们之间建立起亲密的关系，能够培养出那种信任、尊重和爱，这些将给中年生活带来稳定，给晚年生活带来祝福的力量。

之所以在中间这七、八年当中老师要跟班走，还有许多其他的原因，其中有一个很重要的原因，这里必须要提一下。儿童时代的这个中间阶段具体而微地反映了孩子在情感领域的整个一生的过程，正如头七年在意志的领域反映了孩子的一生。直到九岁之前，孩子需要以运动为主，就像早期阶段那样。他们仍然是充满了意志。十二岁之后，会有一种更有意识的思维形式发展出来。在这两个年龄之间，孩子生活在典型的情感与想象当中——这是儿童时代的心脏的心脏。然而即便发生了这些重要改变，但在整个这个七年阶段当中，孩子的思维都和青少年以及成年人的思维具有根本的不同，这一点是没有改变的。他们的思维是非专门化的、非批判性的而且是图景式的。如果我们不考虑到这种连贯性就去改变他们的生活的话，那么就会削弱他们后面几年的思维能力。通过让同一位老师来带他们，我们就能强化他们的思维能力，让它的根能扎进适宜的土壤当中。

在一年当中带一群孩子，大部分科目都要这位老师给他们讲，这是很大的责任。只有当老师能在自己里面唤醒纯粹的幻想和想象的力量，并且以图景的方式把每样东西给孩子们展示出来，这种教学才有价值。因为这才是孩子们看世界的方式。而在这个意义上，他们是在重复着人类发展的历史。他们所有的早期的思维都是图景式的：抽象思维的能力只有到性成熟的时候才能恰当地呈现出来。一个是从另一个里面诞生出来的。

已经说过，不论整个人类还是单个小孩，最初的意识都是图景式的。其原因涉及一个非常重要的心理学因素。我们必须认识到，图像的构建所依赖的那些力量和抽象智性思维所依赖的力量是不一样的。后者是一项运用大脑的活动。前者与血液的各种过程相联系，而血液过程是意志的载体。毫无疑问，这个说法乍一听会显得非常奇怪。但我们可以很容易地发现图景构建过程中那种活跃的或者说意志的性质，哪怕我们仅仅考察我们在通常的知觉活动中呈现给我们自己的最简单的、最明显的思维图景形式。当我看着一片景观，或一个图画，或甚至看着朋友的脸的时候，我并不是被动地并且瞬时地在我的视网膜上接收到了整个的印象，就像照相机的胶卷那样。我可能实际上一次只看那个对象的一小部分，看一下就想一下。我的眼睛会从一部分移动到另一部分，我需要把这些部分构建成一个连贯的整体，而我呈现给我的思维的那个完整的图景就是我的这种构建活动的结果。因此，哪怕是即时的感觉知觉的各种图景也都要取决于意志的活动。眼睛天生是一个非常活跃的器官：它会搜索事物的深度以及长和宽。而那些感觉知觉图景由眼睛的主动活动创造出来的程度并不亚于由它的被动接受创造出来的程度。

如果感觉知觉图景是一种主动的创造，那么那种再创造（有时称为后像）就更是一种主动的创造了，我们在知觉之后可以立即把这种后像召唤出来。而那种困难的记忆的再创造就更是了，而想象的活动则还要更是，通过想象，我们会"把未知事物的形状实体化出来"。

一旦我们意识到思维图景的构建与意志有关，那么就能理解为什么早期的语言都是图景式的了，为什么神话和传说先于科学和哲学出现，以及为什么儿童时代最开始的思维是图景式思维了。作为成年人，我们很难回想起自己小时候的图景构建能力有多强。在这种能力的作用下，墙上的一块斑点，或一块木头里的木纹，都会召唤出一匹马、一个动物，或一片风景。对于我们来说，也很难想象遥远的过去的人类，他们的这种能力那么强,以至只有少数特殊的人能在未经花边修饰的轮廓里原原本本地看世界,像我们如今对世界的感知那样。另一个例子是星座的图画。如今我们只能看到孤立的星星。

所以,以图景的形式给孩子们展示世界是正确而恰当的,因为这对他们的意识状态来说很自然。但从其他原因考虑也很重要。这可以在他们的思维里保留住意志的活力,这在他们后面的人生当中将会非常重要:这让他们能把完整的情感生命——也就是说,全心全意地——带入思维的体验当中,并且让他们的思维与现实有联系。最后一个论点在如今这个习惯于把现实当作物理实质和科学法则的时代里会听起来很奇怪。但如果你给孩子解释诸如雨的形成之类的事情,那么那些相关法则对他们来说会显得毫无意义,他们就只能是假装在思考这些对他们来说完全虚无缥缈的东西。而另一方面,假如你建立一个图景,说神是一个园丁,他想给地上的所有土地、平原和森林浇水,于是他就从海里把水取来,就像成年人从井里取水一样,然后让水轻柔地落下来,连最纤弱的花也不会伤到,而且他浇水浇得那么仔细,当所有的植物和动物都喝饱了水之后,它又让纯净的、甜美的水流回到海里。如果你用这种方式讲的话,那么孩子就能以他理解的方式来看世界,而他的思想也将成为真实的思想。

正是因为强烈地希望避免给孩子带来这种无图景的抽象,所以鲁道夫·施泰纳本人每次进行教育讲座的时候都总是谈到教孩子写字的正确方法。因为现代的字的形式都是抽象的,因为字的形状都已经和它代表的声音失去了所有联系。在最初的图画—书写当中则不是这种情况。假如我们每次想表示"S"这个音的时候都画一个弯曲的、发出嘶嘶声音的蛇,那么在声音和那个符号之间就会建立起真实的联系。而针对这个特别的字母的情况,我们可以看出来,图画是如何被简化成为简单曲线的。这就是诉诸孩子的幻想的方式,而假如他学写"S"的时候先从画蛇开始的话,那么这个字母此后很长时间当中都将保留着一些图景的特征。假如全部或大部分字母都用类似方式学习的话,那么字母表对他来说就活了起来,而假如把字母表仅仅当作一个抽象的符号的集合的话，这种鲜活的生动就不可能实现了。这样，字母就从线画当中发展出来了，线画这种艺术是孩子们自然而然就很热爱而且很擅长的。而从画画学习字母又以另一个原则为前提，那就是，孩子要先学写字后学阅读。这才是正确的顺序，因为写字要求的主动程度高于阅读，而教育的黄金法则是从运动到静止，从主动到被动，从意志到智力。

没有必要一定准确教给孩子们字母实际的历史图景起源，即便那个起源是已知的。恰恰相反，通过发挥自己的幻想，老师也会激发孩子们的幻想，这样他们在字母学习当中或许都能开始自己来创造一些形状。但仅有图景是不够的。在讲每个字母的时候，还应努力唤醒孩子们对字母代表的声音的性质和美的感觉。比如说，"M"这个字母的声音。这是所有辅音当中最接近元音的声音，我们甚至可以用这个音来唱歌。要想发出这个音，我们必须把双唇紧紧合住。如果我们看别人发这个音的话，那么我们会特别地注意到他的嘴的形状。孩子们应该哼唱许多的歌曲，以便感受到经过消音的"mmmm"和喉咙完全打开的"Ah"之间的区别。然后应该把他们的注意力转移到嘴部的美妙的双重曲线上，然后可以给他们展示一些嘴部画得特别突出的画。他们自己也可以画这个双重曲线，并且逐渐把"嘴"的形状发展成字母"M"。当然，他们也会想到许多"m"音似乎占主导地位的单词：他们开口说的第一个词，"妈妈"或"母亲"，这些词表达了这个音的轻柔的、流动的性质——昆虫的鸣叫，风的呼啸，波浪的低语。如果能抓住机会教他们几行诗句总是很好的，即便里面有很长很难的词也没关系（事实上，和教育读物编辑的理解恰恰相反，所有的孩子都热爱又长又难的词），只为了体验它们的声音。所以当然可以教给他们丁尼生的那种诗句：

那远古的榆树林里传来鸽子的悲叹
还有无数蜜蜂的低语

如果孩子们学会了用这种方式来做出字母"M"的话，那么他们同时也会学到许多其他的东西，而他们学到的那些东西是会随着他们的经验的增长而成长的。后面当他们学习阅读拉丁文诗的时候，他们会明白，罗马人发"m"的声音也是很流动的，很接近元音的特征，以至单词末尾的"m"后面如果跟着一个以元音开始的单词的话，这个"m"就会被省略，所以"bellum est"，比如说，就会变成"bel'est"。当他们学到印度，并且听到那个如今仍然回荡在无数印度教寺庙的信众当中的神圣的词"AOUM"的时候，他们会更好地感觉到这个词的发音造成的嘴唇的逐渐的关闭，以及与之相伴的内敛的感觉，这种感觉是祷告和冥想的良好的准备。他们要是好奇圣保罗说的"我要告诉你们一个谜"是什么意思，就带他们回到希腊之谜，他们会发现"Muo"这个词（意思是"我保持沉默"或"我用 M 把我的嘴唇闭上"），被用来命名这些神圣的秘密。但是现在圣保罗跑到外国去公布这些原本深藏在神秘的庙宇里的秘密了，那个嘴张开了，隐藏的地方如平地。能够随孩子成长而成长的思想和体验——这些才是教育的活血。但只有一位在孩子们更小的几年里跟他们有过共同体验的老师才能在后面从记忆的深处这些体验沉睡的地方把它们唤醒。

一个富有想象力的老师会让最贫瘠的土地长出迷人的幻想的花朵，还长出许多营养丰富的食物。对孩子的头脑来说，没有比复杂的英语拼写更枯燥、更陈腐、更虚无缥缈的了。相同的发音为什么有那么多不同的拼法，bough 和 bow，meat 和 meet 还有 mete，pear 和 pair 还有 pare？问题不是有多少孩子会遇到拼写困难，而是根本没有任何孩子能掌握拼写。当然，拼写里面也珍藏着许多有趣的历史，甚至历史错误。例如，rhyme 就是 18 世纪的一个拼写错误，原来正确的拼法是 rime。

但孩子们要想领略，这些首先需要学会拼写，说实话，历史上的拼写学习方式有许多陷阱。死记硬背一串毫无关联的拼写单词的做法实在是毫无教育意义。

有时拼写相近的单词本身会在生活的真实图景中聚在一起。有整个一个家族的单词里面都有 ea 两个元音连在一起。英格兰斯陶尔布里奇的一位华德福教师做了下列分享。"在天（heavens）上有太阳、月亮和星星出现（appear）。星星闪烁（gleam），太阳发出光柱（beams）照向大地（earth），而天气（weather）把小溪（streams）装满水，小溪（streams）带着它流进大海（sea），在那里，太阳的光柱（beams）又把它重新带回天（heavens）上。因为天气（weather）和太阳光柱（sunbeams），那小麦（wheat）的穗（ear）成熟了，农夫来收获（reaps），然后磨坊主把它们做成面粉（meal），面包师又把它做成面包（bread）。当我们坐在座位（seats）上吃饭（meal）的时候，在爸爸妈妈给我们盛饭（deal）之前，我们做餐前感恩表达我们的感谢，然后再吃肉（meat）。"

有时候可以把那样的一组单词做成一段韵文：

太阳说，"我发光（I glow）"，

风说，"我吹（I blow）"，

小溪说，"我流淌（I flow）"，

树说，"我生长（I grow）"，

而人会说，"我知道（I know）"。

但是无论故事还是韵文，都要有一定的幻想和魅力，而且还有微妙的道德品质，它会带孩子进入正字学的枯燥无味的主题当中。

更多的关于幻想和图景的例子将留待后面章节不同年龄阶段特征主题再讲。然而不应该觉得，那些事情只是给小孩子的。各年龄的孩子们都自然地会在图景中产生欢喜，包括性成熟及以后的阶段。如果他们在较大的年龄才学希腊字母表，他们也同样会在字母的图景中感到欢喜，一点也不亚于较小的孩子学习母语字母表的情形。任何蕴含着某个时代或某个地方的品质的图景或故事，对地理或历史老师来说都是非常宝贵的。

奇怪的是，那种构建图景的能力不仅会带来最高的美学体验，它同时也是人可能拥有的最实用的力量之一。在生活中我们总是不得不面对各种新情况。假如我们能够事先在想象中让自己置身于这种情况当中，那么我们就能在一个具体的图景中确切地看到事情会是怎样，这样就有可能为自己避免很多错误。因为我们要么通过想象去预测，要么通过我们自己的错误经验去学习。而通过想象预测是更好的。

# 第9章 老师和孩子

教师职业有一个谜，为什么某个老师一下就能让某个班级井然有序，而另一个老师可能第一堂课还很好，第二堂课就有麻烦了，第三堂课则完全是一派混乱。你可能总结出应对孩子所需的全部要素：信心、亲切、整洁、表达能力、思路清晰，等等；但所有这些全都无济于事，除非再加上一条无形的品质，理解孩子。这是门艺术，这门艺术一般来说可以学到，但并不总能学到，而学起来也是非常痛苦的。它意味着根据你面对的孩子的不同的年龄阶段来调整你自己讲话和行为的方式。同时像所有的艺术一样，它也是高度个性化的，并且每个人都必须找到他自己的技术。但首先要理解，不同年龄阶段所要求的纪律是多么不同。

对于换牙之前的小孩子来说，正确的纪律（假如说这么严重的一个词能用在他们身上的话）无疑就是自然的、模仿的纪律。基本上，小孩子知道他们想要做什么，而成年人主要的困难在于提供正确的机会让他们去做。他们永远都不会不知所措。但大约七岁的时候会有一种新的情态。孩子们会对自己的目的感到不确定，并且会向成年人寻求指导。下列诗句很美妙地表达了这种情态：

> 那就进来吧，小姑娘，
> 要么就待在外面！
> 但是她就站在打开的门口
> 咬着她的嘴唇，扭着她的双手，
> 并且困惑地看着我。
> "妈妈，"她说，"我不能决定！
> 我不能决定。"①

很奇怪的是，20世纪的那个"进取"学校运动看来几乎完全忽视了孩子的这种情态。在反对旧时代的严格的纪律的同时，那个运动仅仅强调自由的重要性，却忘记了，自由也包括服从的自由。然而事实上，在中间这几年，孩子们对于引导和权威有一种深深的渴望。他们会尊重那个能维持他们的秩序的老师。当散漫盛行的时候，他们实际上会感到不安。

很有趣，我们可以看到，即便当孩子做错事情的时候——而且他们知道做错了——他们也会为自己的行动寻找一个自身之外的权威。直到十岁或十一岁，当孩子因为错误行为受到批评的时候，他们十个当中有九个都会找借口说另一个孩子告诉他这样做的。因此，一个从一年级开始带班的主班老师就必须既满足孩子在知识方面对权威的要求，是行为方面的权威。这也是让同一个老师连续多年带同一群孩子的另一个重要原因。这样的话，通过对一个人的权威的自然的接受就能产生纪律。对孩子们来说，一个人是真实的，规则不是。

这样一来老师就必须配得上那些那么高兴地服从他的孩子们的尊重。这是一个令人望而生畏的责任，因为孩子们有一个美好的信念，认为人是无所不知、无所不能的。他们纯粹地相信你知道每件事情，并且可以做大部分事情。他们只是慢慢地才会对社会重要性的等级秩序产生任何感觉。爸爸或妈妈可能是厨师或洗瓶子的工人，但在他们的孩子眼里，他们和大使一样重要。同时，通过他们对成年人的信心，孩子们也会自然地相信知识的合一。如今的学校倾向于把知识分割成不同的科目，但对孩子们来说，很显然，如果同一个人教地理和历史、力学和自然研究、诗歌和化学，那么知识根本上就是一个。

对老师来说，必须要探索那么多的科目，这是件激动人心的事情，并且他们几乎肯定会发现一个有趣的现象，一个人绝对不是对一个科目懂得最多就教得最好。如果一个老师的专业背景是历史——并且在头脑里还保持着一些新鲜感的话——那么他发现那些以前未知的磁学或声学原理时的那种兴奋也会唤醒孩子们的激情。在孩子们中间这几年当中，关键不是广泛地在各个学科里变得博学多闻。老师只要有一般的思考能力和良好的意志就能获得所有必要的知识。难得多的是把这些知识呈现给孩子们的艺术，怎样让这些知识对孩子来说有真正的意义和价值。后面的章节将介绍一些这方面的方法。但从知识的连贯性的角度来考虑，让老师和孩子们这几年都在一起也是有好处的。这样就不需要固定的时间表，而且老师能够不知不觉地从一个科目过渡到另一个科目。实际上，最好根本不要把那些材料当作"科目"，而是仿效一位华德福老师的喜庆的说法，这位老师每天早晨走进教室的时候都对自己说："我要和孩子们谈谈世界。"

这样，在各个层次上都可以找到各种原因让老师跟班走，而所有这些原因都有助于在老师和孩子们之间建立自然的权威，培养正确的纪律。对这种实践的反对论据显然在于老师的个性和能力。孩子们必须要连续六年、七年或八年"拴"在一位能力欠缺，或者他们（或者他们的一部分）不喜欢或者相处不好的老师身上吗？自然地，在为这个任务选择老师的时候，实际上选择任何老师也都一样，都必须要尽可能地仔细，尽量找到正确的人选。如果他不合适，那么他或许可以在学校的其他部门工作。或许他最好换个职业。因为老师教育小孩所需要的那些品质——想象力、幽默、可塑性——才是最重要的，有了这些品质，才能在好几年的阶段当中赢得并留住孩子们的尊敬。难的可能是打破这种连接，而不是维持它。每当华德福主班老师要离开一个班的学生并把他们交给其他老师的时候，那个告别总是非常感人。

因为随着性成熟的到来，会不可避免地发生一个变化。不仅仅是说孩子们开始需要某种类型和某种范围的知识，而这些知识只有专家才能传授。而且他们会以一种完全不同的精神去追求知识，以及能提供知识的人。怀着他们的尚未成熟的能力，他们会希望拥有自己的观点，并做出自己的决定。他们不会仅仅因为一个成年人是成年人就尊敬他，但他们会由衷地尊重能力并追逐激情。因此对于这个年龄来说，正确的纪律形式就既不是模仿，也不是对权威的尊重，而是通过对知识和对生活的激情。青少年都是批判性的，常常达到破坏性的程度。我们甚至把这种破坏性的品质也要当作一种思维能量来欢迎。因为老师的任务就是把这种批判倾向转化为一种对知识的精细区分的狂热，从而把破坏转化为创造。这个任务和古波斯人把狼，那畜群的破坏者，转化为保护畜群的牧羊犬的工作不无相似。

　　青少年内心都秘密地藏着一种不确定的感觉，这种感觉让他们渴望英雄，假如不是因为这个事实的话，那么这个任务将不可能完成——当然英雄是他们自己选的——他们要按照谁的样子来塑造自己。因此，青少年的整个情况要求老师需要具备的品质就和那些统治小一些的孩子的老师不一样。他不仅需要在某个主题方面是专家并且对这个科目充满激情，而且应该成为他教的学生的英雄。部分因为这个原因，二十多岁的老师教青少年常常最成功，他们感觉到他和他们只隔几步，而且跟他们有共同语言，他是他们的领袖。不同年龄的生活之间存在着自然的关系：小孩子和老年人，青少年和刚毕业的老师。实践当中并不总是有可能实现这样的关系，但我们总是可以想着这个事，并且培养出正确年龄的品质，不论我们的实际年龄多大。圆满的纪律必须是建立在成年人与孩子之间的正确关系上。

　　正是在儿童时代中间几年里权威和引导的重要性的认识方面，鲁道夫·施泰纳和如今的"进取式"教育家不同，他们主张教育——在为孩子呈现世界的一个经过组织的图景，或努力在他们里面训练出特定的能力的意义上——是非自然的，尽管通过与成年人之间的简单的共处来学习是自然的。约翰·杜威会做如下论证：教育是生活的各种形式从一代人向下一代人的传递。在动物界，这是通过本能或者模仿以及有时候通过很少的一点教学实现的。在早期的原始社会，这是通过本能以及通过从环境的吸收实现的。孩子们只需要和成年人共处在一起就能拾起生活的艺术。然而在文明社会，孩子需要知道的东西，以及他们需要学习的技能，都是那么复杂，这些东西都跟他们的天然本能没有关系。因此就有一个人为的世界——学校——为他们建立起来，在这里有人教他们那些非自然的东西。这是必须要做的，但做这件事的可能方式有两种：要么通过来自老师的直接的个人化的指令，要么通过对行动的方式和结果的共同理解。前者来自外在，并且需要束缚，以及一套贿赂（或者说奖励）和惩罚的制度。后者来自内在，属于情绪和智力。杜威自然是大力提倡第二种方式的，而他的"民主"教育方式的整个基础就是，正确而自然的学习方式是通过社会活动实现的，在这种活动中，每个成员都完全理解所有的方式和结果。②

这一切背后有着许多的假设前提，本书当中已对其中大部分假设提出了挑战。第一（而且非常显著地），它假定人的教育目的是可以和动物类比的。第二，它假定文明是从原始社会当中产生出来的，而原始社会的生活就接近动物的生活。第三，它假定服从成年人的权威是非自然而且具有束缚性的。第四，它假定孩子们有能力和欲望以一种和成年人的理解过程相仿的方式去理解那些"行动的方式和结果"。第五，它假定社会要想在理解与组织自己的社会事务的意义上实现民主的话，它就应该在学校里从这种生活方式开始。

而所有这些假设条件的背后，则徘徊着罗素和达尔文的灾难性的遗产，那种思想认为文明状态是人为的，而原始状态是人类天然的，因为它更接近动物。然而，人和动物之间区别最大的地方就是新生个体的成长——动物会直接地飞快进入一种固定的、预设的成熟形式，而小孩却许多年处于无助的状态，但却拥有极端的可塑性和适应性。儿童时代是一种自有其不断变化的特征、自有其不断变化的法则的状态，其中没有任何一点可以和成年人类比，也没有任何一点可以和动物类比。

此外，人类的各种传统也和这种认为人类社会从原始的、动物式的状态通过社会经验发展出来的观点相反。所有古老文明都记载了许多神圣的老师，或英雄，或神——狄俄尼索斯、俄西里斯、查拉图斯特拉、努玛、摩西，或其他什么神——这些神通过来自精神世界的直接灵感教他们农艺或社会法则。正确时间实施的正确类型的社会经验在教育当中是最重要的。但人类仰望神的指引的历史图景在孩子的体验当中会重演。只不过孩子是在成年人身上在寻找精神的元素。假如他找不到，他就会成为一个物质主义者。儿童时代的纪律包括尊敬成年人的纪律。

一谈到纪律，马上就会产生惩罚的问题，尽管，严格地说，惩罚不是因为纪律而产生，而是因纪律没有得到遵守而产生。违反纪律有两种非常不同的类型，他们可能都需要遇到称为惩罚的同一种东西：未能实施安排的工作或任务，以及实际的反社会行为，例如偷窃、说谎或恶意破坏。对于前一种，孩子们应该执行老师教给他们的任何任务，这是非常重要的。因此首先要考虑的是，老师应该只给孩子们安排他们的能力所能胜任的并且能够衡量的任务。比如说家庭作业，应该肯定是孩子可以完成的，否则就不要留。但是假如说，因为孩子的错误，某个任务没有完成，那么就一定要让他尽快把它补上，这是同样重要的。不这样的话，他就可能对成年人失去尊敬，而保持这种对成年人的尊敬对他来说是非常重要的。放学后把孩子留下来执行或完成被他忽视的合理的任务实际上完全不是惩罚。这只是给他提供更多的教育机会。

第二种违反才需要真正的惩罚，也正因为如此，这种违反更难应对。不过还是有两条黄金格言，每当遇到可能需要那种惩罚的时候，记住这两条格言就会有帮助。

第一条是，惩罚必须诉诸道德感，并且因此必须旨在让孩子更清醒地意识到自己的不良行为。第二条是，惩罚是极其个体性的东西，对某个孩子正确的惩罚对另一个孩子可能是完全错误的，尽管他们违反纪律的情况是完全相同的。一个胆汁质的孩子可能会完全失控地撒泼，他会打碎手头够得到的任何东西。他当时对自己所做的事情不太有意识，针对他，最好的计划是等待二十四小时，然后把他带回到现场，然后很安静地给他描述，甚至表演给他看，他当时都做了和说了什么。按通常意义上的理解，惩罚他可能会让他心里很愤怒（因为他会觉得为了某种他无法控制的事情而惩罚他是不公平的），并且将来更容易出现类似的爆发。而另一种气质的孩子可能会出于恶意或只是出于破坏的快感而实施一些破坏行为。对他来说，重要的是要他认识到那些破坏会带来多少额外劳动。他可能无法凭自己一个人补偿，尽管他要是能的话那就最好了，但他可以书写并投递所有相关的信函，他可以为后面的清洗做所有的准备工作，这样的话就对他的破坏倾向做了很多矫正了。有可能他属于那种很罕见的没有任何羞耻感的孩子。在那种情况下，甚至可能应该带他到许多班级去，一个班一个班地引起孩子们对他的愤怒。但只有极罕见的情况下那种过程才是正当的，并且会对敏感的孩子造成难以估量的伤害。对于任何形式的违反，要想确定正确的惩罚形式，都不可或缺地需要对那个孩子有密切的了解。

动机也会非常多样。孩子偷窃的原因多么多啊！在小孩子当中，它可能仅仅是模仿，去找妈妈装钱的袋子，因为妈妈做什么孩子就会做什么。另一个孩子可能属于那种不论看到什么都必须触摸把玩的孩子，他们一般手指都很脏，外观不整洁。那些孩子不专注，他们生活在周围的物件当中，并且他们的自我-感觉没有足够发展出来。对这个孩子来说，关键问题是疗愈他的病症而不是实际的惩罚。可以让他每天十分钟双腿交叉，同时双手交叉握住脚趾，对他来说，这既是惩罚又是治疗。因为即便只是交叉穿越视轴，也和自我的意识有很大关系；而前面描述的这个姿势和体态让全身都专注在一种双重交叉当中。有个小男孩被要求每天这样坐上较短时间，几周之后，他抬头看着他的老师说："在这里坐着的是我，不是别人。"

某一个孩子偷窃可能是为了买一些他（或他的朋友）特别需要的东西。而另一个孩子可能是班里的丑小鸭，偷窃的目的是为了能够慷慨地给同学们发糖果或其他礼物，以便获得短暂的欢迎度。

在更小的孩子的几乎所有违反纪律的情况中，除了各种惩罚之外，通过讲故事可以取得很大的效果，在故事里把他的那种错误描述出来。因为孩子的意识是图景式的，而一个故事的图景，或十几个故事的图景，比不论多少批评和劝诫都更有效。为较小的孩子编写一些童话或寓言故事并不是特别难，故事里可以讲一个说谎或骗人或偷东西的人如何受到了应有的报应，但一定要记住，故事越富有想象力，效果就会越好。而且也不应该让那个孩子意识到这个故事是特别为他讲的。

对一些较大的孩子来说，来自真实生活的图景可能更有效。比如说，一个不受欢迎的九岁或十岁的男孩，他偷钱来买糖果以便让自己变得受欢迎。他的偷窃实在是全班的责任，因为他们没有给他足够的社会接纳。所以这个故事必须责备那个男孩，但同时也要谴责所有的孩子，并且让他们改过。因此可以讲一个故事，一艘船去探险，但有一个船员特别不受欢迎（并不是因为他自己的错），遭到其他船员糟糕的对待。船遇到了无风的天气，不能前进，而所有的船员都烟瘾很大，他们的烟抽光了。这时候，那个不受欢迎的船员正在负责清洁船长的船舱，于是他就得以从船长的烟草罐子里偷到烟草。现在所有那些以前对他不好的船员都围过来跟他讨要烟草，并且告诉那个不受欢迎的船员他真是个大好人。但是，有一天船长回船舱的时候抓到了他的现行。船长立即把所有人召集起来，公布刚刚发生的这个新闻，那些海员们拥挤着乘升降扶梯上来，他们谈论着那个贼会受到什么样的惩罚。但是船长把他的可怕的、正义的怒火不是发向了那个不幸的海员，而是发向了全体船员。他告诉他们，是他们的残忍和可怕的行为推动了这个人做了这样的事，他们当中的每一位都比他糟糕十倍，并且除非他们能改变他们的方式，否则他到下一个港口就不让他们上岸去买烟草或其他任何东西。

在这样的一个故事里，最后的转折会产生巨大的效果，因为它完全出乎所有孩子的意外。那个不幸的丑小鸭将会感到无穷的释放，因为他不用再背负罪恶的负担，也不用再背负不受欢迎的负担。而且甚至只要这么一个故事就可以开始改善孩子们之间的关系。

检验惩罚好坏的标准是看它能不能产生正向的东西来。当事情涉及整个孩子群体的时候，这一点或许尤其重要。因为一群孩子一起会做出其中任何单独一个孩子想都想不到的放肆的蠢事。用希腊的形象，他们的行为就好像潘神进到了他们里面，于是他们失去了他们的个性，进入一种共同的、低级的意识当中。那是一种"恐慌"行为。假如处理得当的话，当他们后来再回顾的时候，对他们所作所为造成的后果的震惊，常常能够让他们在负责任的方面实现进步。可能最好跟孩子们把这个事情谈透，或者无论如何也要跟领头的几个孩子单独谈。这样甚至有可能让一个或多个尤其顽皮的孩子把能量转向正确的方向。生活从来都不会是一帆风顺、充满和谐的，有时候会出现社会动荡，就像流行病一样，我们需要欢迎这些动荡，因为它们洗净了血液，并且当它们幸运地结束之后，会推动一种新的、健康的成长。

20世纪有些进取学校采用法庭的方式，让孩子们自己去审判违纪者并指定惩罚方式。这种方式的确至少认识到孩子们期待一定的公平正义的措施，而如果没有这种公平的话，那么孩子们的良知就会感到义愤。他们仍然遵循着旧约的以眼还眼、以牙还牙的道德准则。假如别人打你，你就有权打回去；假如别人毁了你的书，你可以毁了他的书。基督教的宽恕的教义与小孩子的本能是相去甚远的。这种粗糙的正义感他们是有的，但如果把这种正义感提升到司法能力的高度并且让他们成为小法官，那就偏离了他们的能力，而且也太早地唤醒了他们的批判能力，并且会削弱他们对成年人的信任，他们本来会本能地觉得那些事务是属于成年人的。

这些都是纪律的偏差，并且学校越是建立在对孩子与成年人之间不断变化的关系的真正理解之上，这些偏差出现得就越少。学校里的权威是许多人分摊的，而只有当这些人对他们的任务以及他们与孩子之间的关系都形成了共同的图景的时候，孩子们才能感受到合一的权威。有时候那些伟大的画家能在一幅画里生动地表现出比任何言语都更微妙得多的、深远的真相。有一幅波提切利画派（如果不是波提切利本人的话）的画，或许值得所有教育孩子的老师拿来冥想。这幅画表面上画的是多俾亚和天使，这是意大利文艺复兴时期的画家们非常喜爱的一个主题。在次经《托比特传》当中，多俾亚被失明的父亲派遣从尼尼微前往玛待的辣杰斯。他去市场雇了一位向导，这位向导不是别人，正是大天使辣法尔。辣法尔是这部次经中提到的唯一一位大天使。描绘这个故事的画家们总是把他和多俾亚画在一起，后者带着他在底格里斯河里捕到的鱼，还有和他一起旅行的狗陪伴在身旁。但是在波提切利的画里有三个大天使。男孩后面站着大天使加百列，手持报喜百合，双眼充满深深的虔敬看着天上。辣法尔在画面的中间，用手领着多俾亚，他关爱地向下看着那个男孩，而男孩则带着无穷的信任向上看着他。前景是带翅膀的米迦勒，披挂着全套盔甲，右手拿着出鞘的剑，双眼坚定地注视前方。然而我们可以感觉到，他时时刻刻都意识到跟在后面的那个男孩。这三个是儿童时代的天使，而艺术家完美地展现了成年人针对孩子的三个伟大的发展阶段所应具备的三种态度。

前面有一章讲到了关于人类教育需要的伟大的迷，以及孩子们如何必须跟人类的老师而不是跟神学习。思考这样的一个图景有助于提升教育的层次，让它成为一个充满灵感的任务。在这个层次上，所有的关于儿童心理学的书的所有的内容看起来都是遥远、软弱而又无益的。

注：

① 埃德娜·圣文森特·米莱：《诗集》（纽约：哈珀，1956），第261页。

② 很难做出完善的总结。但上文看来比较合理准确地代表了杜威的《民主与教育》当中的一些主要论点。

# 第 10 章　小学低年级

考察头七年的过程，我们看到一个非常重要的原则，那就是，较长阶段的时间会在更短的时间阶段当中反映出来，和几个世纪前的"对应法则"那么相似。我们也已经提到，同样的法则也适用于孩子生命的第二个七年阶段，这个阶段也可以分成三个两年多的较短的阶段，这些阶段间的变化是那么重要，以至于英国教育部已经把其中一个分界点当作了公立学校整个年级安排的转折点——那伟大的（或声名狼藉的）"11+"岁。

这些变化可以用各种方式来描述。七岁至十四岁之间第一个小阶段当中，模仿仍然在孩子的生活中发挥着作用。然而，突出的是，他们很快就会那么狂热地拒绝模仿。某个七八岁的小孩会指着别人说出那杀伤力极大的责骂"模仿-猫"，这个情形对我们来说一点都不陌生。这个年龄的小孩仍然非常天真，几乎完全没有批判性。老师的权威相当地不受质疑。这并不是说任何人都能让一班七岁孩子保持完美秩序，只是说孩子们会完全期待每个人都能做到这一点，而当他做不到的时候，孩子们是相当无助的。

大约十岁的时候一个新的阶段就开始了。孩子们会更挑剔地观察老师。如果他很笨拙，如果他被地垫绊到，或者碰动了花瓶，或撞翻了黑板，迎接他的将是哄堂大笑，绝不是轻微的嘲笑——这种情况早先是绝对不会发生的。恰恰是这个时间，孩子们最需要和他们自己的这位特定的老师建立连接，而不是泛泛地和成年人建立连接。假如这位老师值得他们的尊敬，那么他在这个年龄的孩子当中将享受到无与伦比的权威。对这些孩子们来说，他们的老师就是拥有一切美德和成就的完人。

十二岁的时候又有一次明确的转变。孩子的头脑里产生了某种智性思维的成分，作为后面发展的前瞻。这是一种假曙光，它太容易被误认为真正的日出了。这个年龄阶段针对这些东西做出的智力能力的评估，不论通过考试还是智力测验，都太容易得出错误的结论了。①这种改变实际上是同一个连续阶段的高潮，而它却被搞成孩子生命中震动颠簸的新体验的开端，例如更换学校，这真是最大的不幸。因为在人生的这个中间阶段，那种图景式意识转化成智性思维的过程是微妙而逐渐的。要想把前者的敏感的、情感的品质过渡到后者，就要求教学过程不能有任何中断。在十二岁的时候搞一个突然的变化，就好像把肌肉从骨头上撕扯下来一样。这实在不是危言耸听。因为从十二岁开始，孩子的骨骼开始对孩子的生活产生作用，而这种作用是以前所没有的。到目前为止，孩子的运动都特别灵活而自由。看着他们那优雅而轻易的运动，你都很难想象他们身体里会埋藏着骨骼这种坚硬结实的东西。他们看起来好像仅仅是靠血液和肌肉运动的。但是大约十二岁的时候，他们运动的特征就改变了。常常出现一种笨拙的细高挑的体型，而且在他们的步态和姿势里也很容易看出骨骼的成分。这是一种内在过程的外在表现。十二岁的时候，不仅骨骼方面会有明确的新发育，例如肱骨和股骨，而且那截至目前仍住在血液和呼吸的节奏当中的意识也会向下发展达到骨骼。

在人的身体里，只有肌肉驱动骨骼的过程真正可以说是符合机械的原理。骨骼是杠杆，肌肉通过肌腱牵动骨骼做功。现在，身体本身的生长让孩子们接触到了机械世界的一些东西。这同时也伴随着他们的意识的逐渐改变。在他们头脑的图景的流动当中出现了一个思想和概念的"骨质系统"。他们第一次能够掌握抽象概念了。在这个年龄阶段的教育艺术在于寻找那样的主题，让里面的具体图景能够最大限度地对抽象的法则加以说明，以便那种天然的合一仍然能够得到保留。否则那新的概念就会和老的图景分离，肌肉被从骨头上撕扯下来。

找到正确的方式来介绍孩子认识现代世界并不是一件容易的事。杜威攻击那种认为教育的目的应该是为孩子未来的成年生活做准备的理论是有一定的道理的。他认为孩子们是活在当下的，而教育如果是为了未来做准备的话，就总是会把一些不自然的东西强加到他们身上。他同样谴责那种倡导老师精心挑选内容的赫尔巴特派观点，称之为"精英教师理论"，认为它忽视了共性的体验当中的个人化的部分，并且拒绝付出精力去寻求即时有效的练习。

然而很显然，这个阶段的孩子们只能探索给定领域的体验。由于他们还不知道可能的领域都有哪些，所以很难让他们自己去选择。所以，成年人就有责任决定体验的内容。不论你相信老派的直接课程还是新潮的课题式学习，你都有责任选择主题。而主题选定之后，怎样对待它，多大程度上将它付诸艺术表达和社会实践，那就是另一回事了，尽管这另一回事也同样重要。值得庆幸的是，孩子对当下的享受与能力的训练或未来技能的培养之间并不矛盾，而杜威好像是把二者对立了起来。艺术的特性就是通过某种方式揭示出被世俗和局部掩盖的永恒的东西，而教学的艺术就是让这充满享受的当下一刻服务于整个人生。或许这也是生活的艺术。

孩子们在学校的头几年里需要关于世界学习和发现什么呢？肯定和成年人的需要是不一样的。因为他们对世界的态度非常不同。成年人的感觉是：我在这里，世界在那里；这两个是分离的。但在学校低年级里，孩子不会做这种区分。世界上的每样东西都充满了生命、情感和意义。对小孩来说，跟太阳、树和星星说晚安就像跟妈妈做晚安吻别一样自然。假如我们把现代人对世界的认识告诉孩子们，那就等于在把世界从他们身边夺走。他们可能永远也无法再把它找回来。

理所当然地，当我们把世界介绍给孩子的时候，我们必须采用童话和寓言的形式，里面所有东西都会说话，鸟和昆虫会做善事，有魔法，会变形魔法，王子随时可以变成熊，公主也可以变成天鹅。

童话故事不仅看世界的方式与孩子相同，而且它们也包含着许多自然的学问、道德的熏陶，以及我们祖先的实用智慧。每每见到某个现代作家把童话故事改编成其他形式的时候，总是非常悲哀。华特·迪斯尼的《白雪公主》——完全不提别的方面——单是省略的情节就足够毁掉这个故事了。因为在他的版本里，邪恶的继母只到小矮人的房子来了一次，上来就给了白雪公主那个毒苹果。但真正的故事里她来了三次：第一次带来一副胸衣，那副胸衣把白雪公主勒得紧紧的，让她无法呼吸，之后带来一个毒梳子，只有到第三次才带来了毒苹果。在我们的祖先的图景式意识当中，这些对应着人的韵律系统、头脑和代谢系统。只有在她的存在当中最无意识的那个部分，她才能被彻底击垮；而她必须经历死亡——或者某种非常类似于死亡的事件——然后她的王子才能在她里面唤醒一种新的意识。

那个老童话之所以对孩子来说那么重要，只因它以一种古老的、原初的智慧为基础。里面的许多元素能够成为未来几年更有意识的知识的种子。比如说，要想理解不同的民族，就可以通过他们的民间故事来获得重要的背景知识。那些凯尔特人的爱尔兰故事和日耳曼的故事，比如格林童话，是多么不同啊！在爱尔兰故事里面有一种轻松、欢乐和精致的愉快的感觉，说明爱尔兰是一个充满学习和文化氛围的国家，而德国则仍然是一片森林广袤、部落简单的土地。

在一年级，童话故事尤其应该占主导地位。实在可以说这个年龄的孩子们所需要的所有体验都可以在它们里面找到——字母的图画、歌曲、戏剧，甚至数数和算术。但是孩子们正处在入世到地上的过程中，他们很快就会要求在故事里要有人的因素。有两种故事能够进一步发展童话故事里面的人类角色，以不同的方式。第一种是寓言，这种故事里面，动物们不仅像童话故事里那样会说话并且拥有人类的能力，而且会将人类的某些特定品质、美德或恶行拟人化。另一种是传奇，这种故事当中会有一些特别的人——圣人——他们对大自然有着极深的同感，因此拥有控制四种元素和动物的力量。这两种故事都能引导孩子们从充满原型的童话故事的世界逐渐过渡到能够感知自然以及人与自然的关系当中那些更加人性的品质。尤其是寓言，可以从世界各国的来源中挑选。因为在它们诞生的时代，人类还仍然会感受到（就像孩子们那样），精神的品质在自然的其他各界当中也有同样表达，就像我们自己所属的人的王国一样。

至于三年级的主要内容，这是儿童时代中间阶段当中第一个小阶段的结束。

故事种类如此发展，最后在一个民族得到的神圣指引的图景中达到高潮，这自然会和遵循其他人生观的学校所推荐的任何东西都不一样。比如杜威，在《学校和儿童》当中，就说应该从实用的职业入手，尤其是农耕，六岁时就开始，然后逐渐扩展到所有的发明和职业，以及对世界的发现。他反对赫尔巴特派的用《鲁滨逊漂流记》作为人类发明创造能力的图景的理念，因为他发现印第安部落的生活以及早期美国殖民者在新世界与大自然的力量做斗争的故事远远更为真实而且令人满足，所以就没必要选用幻想小说的材料。

然而，二者的结果是相同的。它们都是从一开始就教给孩子们，人类始终是凭借着自己的聪明才智实现进步的，这种科学人文主义在 20 世纪逐渐流行起来。然而孩子们相信的是魔法的世界，在这个世界里，各种看不见的力量会直接干预。一个七岁的小男孩坚定地拒绝相信童话故事里某个角色实施的魔法的事被引为证据，证明这个年龄的孩子们已经从童话故事里面成长出来了。但是后来人们检视并发现了他不相信的真实原因。因为那个当事角色没有魔法棒。[②]科幻小说成了被剥夺了恰当的魔法膳食的饥饿的一代儿童的替代食物。

自然地，毋庸置疑，应该逐渐引导孩子们观察周围的世界。但直接地、立即地这样做是一回事，从想象中引出孩子的观察则是另一回事。举个简单的例子，假如你想要孩子们注意不同类型的云彩的形状，那么你可以在不同的天气带他们出去，指给他们看不同的云彩，告诉他们它们的名称。当他们十一二岁的时候，这是很好的。但如果他们还小，那么更好的方法是给他们编一个童话故事，里面有一个王子必须踏上一个重要的旅程，而他必须等到一朵闪亮的、城堡形状的白色云彩出现在黎明的天空中的时候才能出发。他不得不等了九天，看到各种不同形状、不同颜色的云彩，看到这些云彩如何聚了又散，最后终于出现了白色城堡样的云彩。这样的故事会给孩子后面对云彩的观察过程带来一种直接教学无法带来的品质。

童话故事提供了以想象方式描述自然的美妙机会。任何人小时候如果读过乔治·麦克唐纳《公主与科迪》当中山岭的描述的话，那么即便成年之后，每当他在绚丽的地理杂志上看到山岭的彩色图片时，都依然会受到那些描述的影响。他的眼睛会穿透到那隐藏的溪水、矿脉、滴水的穹顶，以及岩石山壁和树木丛生的深谷里的光,那将不是普通的白天的光,而是那"不论海上还是陆上都从未出现过的"光。只有先让孩子们以想象的方式掌握了自然之后,才能让他们去掌握周围世界的细节:如果他们在乡村,那么这就包括各种不同种类的玉米、禾草和果树;如果在城里(还包括他们能接触到的尽可能多的自然),就包括各种类型的建材、墙砖、石头、板材和房瓦。城里人很少知道他们行走的甬路上铺的是天然石材还是人造地砖。但二者差异是非常明显的,盲人通过脚的感觉就能对二者做出区分。

教师的艺术在于选择正确的故事材料并把它用在教育当中。童话故事可以提供字母表字母的图画。寓言故事可以提供简短戏剧的素材,让特定的孩子可以扮演满身污泥的熊,或愤怒的狮子,或狡诈的狐狸,或胆小的老鼠,从而帮助他们疗愈特定的障碍。里面到处都能找到绘画和雕塑的机会。或许孩子们还可以制作一个四季的日历,整个一年当中每个月都有一幅专门的画。因为孩子们在绘画当中会拥有无穷的勇气,并且能够解决一切难题。对他们来说,上帝创造天和地并不比一间房子或一辆巴士更难画。

他们先要通过图画的方式学习字母——每一个字母都作为一个想象的整体——然后就可以开始书写练习了。孩子第一次像成年人那样写出某种完整的东西,那是值得纪念的,写出来的东西应该是一些值得记住的东西,可以是一段诗辞,很简单,然而又足够深刻,值得珍藏一生。书写之后自然而然地就引出了阅读——孩子最初阅读的东西也应该是美丽而富于想象的,不是那些专门编造出来介绍两百个生词而且每个生词用六遍的乏味故事,那些愚蠢的故事是专门用来扼杀所有孩子毕生的阅读兴趣的。因为好的教育内容你是可以带走的,是不会扔在后面的。诗人德·拉·马雷在一本著作的序言里写道,他小时候常常学到一些他不太理解的东西。而在后面的人生中,他会突然领悟:"原来是那个意思!"有些东西是我们小时候学到的,但它们的内容和意义在我们整个一生当中都会不断地成长丰富。

三年级孩子在社会意识方面会明确进步，这是开始练习简单书信的适宜年龄。书信有很多优点，孩子们写信的时候会感到他们其实是在和某个人讲话，只不过是在通过另一种媒介而已。许多孩子们说话的时候会特别欢快自由，而写信的时候就只会咬铅笔，好像说话和写作是完全不同的两件事。三年级写应用书信也不算太早，内容可以是关于某个真实的或想象的木匠工作或管道修理工作，或关于食杂店或五金店的供货。那种应用书信的优点在于，写信人必须把收信人需要知道的事情告诉他，并且从别人的视角来看那个交易。这是一个重要的人生课程，而这项课程有些人从来都没有学好过。

针对儿童的图景-意识提供的内容自然会因地理位置和文化传统的差异而有所不同。在现代社会，全球各地的教学内容太容易千篇一律，结果就淡化了文化领域当中丰富多彩的民族特征，就像建筑领域当中已经发生的那样。然而，每种文化都有丰富的童话传统，可供老师们汲取。

当然，孩子的图景式意识也并不是早期这几年我们唯一关心的方面。运动扮演着最重要的角色，而且运动先行是华德福学校的黄金法则。运用的方式多种多样。学写字的时候，可以让孩子们在地板上跑出巨大的字母形状。把他们的鞋和袜子脱掉，看看他们能不能用脚趾头夹着笔写出那些字母。所有的孩子都喜欢这种体验，而且这对那些掌握不了书写技能的孩子特别有好处。甚至在一年级的音韵舞课上，[3]孩子们都应该走、跑出主要的几何形状——圆、八字形、正方形、三角形、五边形，等等。这甚至是一种社会教育，让孩子能够互相意识到——假如让适当数量的孩子同时走正方形或三角形或五边形而不发生冲撞的话，有一个有趣的现象，无法跟上别人的运动的常常是那些非社会化的孩子。那些梦幻的孩子可能比较难走尖锐的形状，而智力发达的小聪明们可能在节奏方面会有困难。智力过度开发的孩子常常无法跟着节奏做运动，甚至在行走当中都无法按时拍手或数数。通过运动帮助孩子们克服特殊困难的机会真是不胜枚举。这些困难本身可能是因为这些孩子早年没有很好地培养运动觉。因此疗愈的地方还是在于根源，在于运动系统本身。

与运动协同进行的是表演和言语。在表演方面把孩子们训练到成年人的高度完美程度是有可能的，但不应该以此为目的。孩子的表演应该具有一种天真浪漫的品质，并且含有丰富的运动，在成年人看来甚至会显得荒谬。其实它的魅力恰恰在于这种完美的天真。在背诵当中，孩子也是会夸张地表现节奏。这一点也不是问题，只要他们的声音清晰并且带着感觉就好，以便让你知道他们真正看到了那些词所描述的东西。孩子们学习背诵的诗应该自然地取材于某个整体的体验，可能是关于季节的一首诗，或者是当下正在学习的一个故事的一部分。

我们会发现，所有这些都实现了一定程度的记忆力训练。因为换牙之后，记忆不再像以前那样像个没谱的幽灵了。孩子开始拥有记忆，而不是偶尔地被记忆拥有。必须仔细区分两种记忆：节奏性的和概念性的。早期这几年当中至关重要的是前者。孩子会通过节奏性的过程学习诗歌、数表等。但他还要用自己的话复述故事，通过记住各个图景的顺序，并在这个过程中逐渐向概念性记忆靠近。尤其在这里要格外仔细，不要过度开发记忆力，而是要用正确的方式对它进行锻炼。记忆与睡眠和清醒的过程密切相关：某个特定的记忆在我们里面唤醒的方式和我们本人从昏暗的睡眠意识中唤醒的方式是相同的。因此必须把它和睡眠与清醒的节奏联系起来。如果不经过睡眠就召唤记忆，那是不好的。可以经过一个夜晚之后再让孩子们重述一个故事，这时候观察他们重述的情况是最有趣的事情，有的孩子能够精确地复述出来，并且可能有些平铺直叙，有的可能添油加醋一番，有的只是一头雾水，有的可能改编了故事的主要情节来适合自己的情况。这最后一种常常是通过故事帮某个孩子解决某种特定困难的情形，那个孩子的意志-意识可能在排斥那个恰恰会帮到他的建议。例如一个很胆小的孩子，他从来不和其他孩子玩耍，老师给她讲了一只小海鸥不敢从高高的岩石上的窝里跳下去和其他小海鸥一起捕鱼的故事。最后一位好心的海鸥叔叔来了，把那只小海鸥驮在背上，飞下去带他到大海那里。他一到水里就发现，他可以像任何其他小海鸥一样捕鱼。第二天要求复述的时候，那个胆小的小孩讲到海鸥叔叔把小海鸥驮到背上的时候就停住了。老师要她继续，她最后补充道："然后小海鸥就掉下去淹死了。"人们都那么强烈地拒绝苦口良药，连小孩子也不例外。

重述故事是一项高度重要的教育过程。但这个过程不应止于重述。重述之后再经过一个夜晚，然后，通过提问或其他方式，唤醒孩子们关于那个故事的思考。为什么会发生这件或那件事情？假如某项困难没有发生的话结果会不会更好？通过这种对待故事的方式，一方面可以避免给记忆造成过大压力，而且，另一方面，可以为孩子培养出富有创造性、卓有成效的记忆力。换句话说，你就是在精神的睡眠和清醒之间建立起了健康的关系。

截至目前我们主要在讨论讲故事，这种活动对图景-意识的要求是明显的。读者肯定会问，对于算数那样的纯思维的学科该怎样开始着手。对孩子来说，算数自然而然地首先要从实际事物的计数开始，或者至少是想象的事物，而不是纯数字。而在这个基础方法当中没有一点点幻想的空间。假如用实物来计数的话，那么就选用美的、孩子喜欢把玩的东西，或具有想象性暗示的东西——坚果、橡果、花朵或鸡蛋。宝石也会非常令人喜悦！但在这些简单计数当中有一个非常重要的事情。你是往孩子的头脑里装进一加一加一等于三的思想，还是从三开始然后再把它分解成部分，这会关系到孩子此后一生的思维倾向。归根结底，合乎逻辑的结果是，那前一种方式会引导孩子认为宇宙是由原子构成的。而第二种方式在掌握部分之前先抓住整体，这是一种想象的方式，并且引导孩子认识到，只有整体才能让部分得以存在并具有意义。这个差异是既微妙又深远的。

从整体开始还得以把姿态引入算数当中。加法，单元与单元的相加，总是暗示着那个对象将会变得越来越多。

减法总是自然而然地引出给予他人的图景。因此，假如是园丁拿着一束自己种出来的玫瑰的话，可以让他这样想：假如他有二十朵玫瑰，他把一束美丽的六朵玫瑰送给邻居，七朵送给自己的妻子，那么他还剩下多少朵能送给他的朋友的卧病在床的小女儿？或者假如有一只松鼠妈妈正在把采到的一堆坚果运回窝里，她必须琢磨琢磨——翘着尾巴——假如她的小家伙们每人能分到五个的话，她需要多少个。孩子们应该只知道他们是在学习数字。而事实上他们是在学某种重要得多的东西——一种对待人生的道德态度。自然而然地，很快他们就能直接得出结果了，但那第一种方式的品质才是至关重要的。

它的重要性还有另一个原因。许多孩子整个余生都会害怕数学，只因为数学被介绍给他们的方式太复杂，或者好像要把他们带到一个绝对僵硬而固化的、一旦进去就别想逃脱的世界——一个噩梦的世界。从整体（和或积）开始会提供变化的可能性，这会让某些孩子实在地获得释放，并且在所有孩子当中鼓励一种更灵活的思维。五加三只能等于八；四乘三只能等于十二。但八可以等于五加三，或四加四，或六加二；十二既可以是四和三的乘积，也可以是六和二的乘积。这样你就不会被那唯一的可能答案所束缚。

同样重要的是从相当不同的节奏的观点去开展算数。所有孩子都喜欢数数。谁小时候不曾躺在床上给自己设定一个数到一千的艰巨任务？当孩子们学习数表的时候，他们越多进行节奏运动——喊口号、拍手、走路、跺脚——就会学得越好。事实上许多孩子要想记住这些东西，这是唯一的方式。有些孩子必须通过节奏的方式才能说出数表，好几年之后才能直接告诉你八乘九或七乘六是多少。有人根据伊丽莎白一世时代的作者作的歌曲编了一段美妙的歌词，"做除法"。用唱歌的体验帮助孩子感受数字是一件美妙的事情，而且这对所有孩子学习音符名称都有好处。一些孩子在唱一个长音的时候，其他孩子可以把它分成两个、四个、六个音，等等。如果孩子必须学竖笛的话（就像应该的那样），可以让他们一边按节拍行走一边演奏音符，而且每人都按自己的"除法"进行，这是一个出色的数学练习。因为它意味着孩子们全人的每个部分都在体验数字。

学校生活的第一阶段结束之后，与开始相比，孩子们自然会变得更有意识，观察力更强，更落地。他们已经准备好展望未来的生活，而这时候就应该让他们的思维为下个阶段做好准备。为此，基本语法会有帮助。因为我们最初意识到思维本身当中的区分恰恰是在语法里面。孩子们首先至少应该知道名词、动词和形容词的区别，尽管很遗憾，在英语当中这些术语那么枯燥而令人生畏。专属这个阶段的简单生活实践课也提供了应用的机会。

因为所有孩子都应该了解农耕和房屋建造之类基本技能的主要操作。通过打奶油来真正地制作一些黄油（一边唱着传统的奶油歌曲），或者真正地和一些石灰浆，看着它嘶嘶地冒泡，这些对孩子来说都极其宝贵。但是应该带给他们理想的图景。在农耕当中，应该突出表现的是农夫对动物、作物和土壤的充满爱的照料，以及植物和动物之间的相互依赖。在房屋建造当中，需要强调的是不同工种之间的合作，所以木匠、砖匠、瓦匠和管道工人都在正确的时间付出了自己的技能，并且都确切地知道该做什么。

所有这些都为语法的实践提供了美妙的机会，尤其是假如老师记住了运动先行的黄金法则的话。因为肯定要从动词开始。农夫们春天、夏天、秋天、冬天会做什么？你能不能上来表演一些事情让其他孩子猜出来这是什么事情？谁给我们表演一下木匠都会做什么？或者管道工？所有这些人做的事情的所有这些名称，我们都称为动词。农夫或木匠会使用多少工具？你能不能把它们画出来？所有这些名称都是名词。假如他是个好木匠，而且他把他的工具都保存得很好，那么它们看起来会是怎样的？假如他是个糟糕的木匠，而且他不在意他的工具，那么它们看起来会是怎么样的？这些词都是形容词。

单单一个段落就涵盖了一个月的工作。而孩子们不仅在学习语法，而且他们也是在把一种新的方式带到了生活当中。这是个真实而具体的思维练习，而且打开了一片"新天地"。

提到一个月的工作，就恰当地引出了华德福学校主班老师的一项重要实践。为了趁早晨孩子思维清新的时候介绍新的思想和材料，一天当中第一节课总是主班老师（高中是专业老师）的课，这堂课会持续两小时。任何一节课要想成为头、心、手的体验，就都需要这么慷慨的时间。在这堂主课上，老师会连续几周专门讲一个科目，从而实现最高程度的专注。当然，学习与活动、听与说、接受与分享的比例会随年龄阶段、科目以及季节和日期的不同而变化。一位有技巧的老师很快就能学会注意孩子们是不是累了，并且会知道是否想象的运用太多了，或推理的运用太多了，或者种类太多了，或者太单调了。假如课堂主题特别富有想象力、充满故事和图景的话，那么老师会找机会引入一些数学工作。假如孩子们都害怕算数，那么可以通过适当的故事来让他们释放。

在一年的总体规划框架当中，主班老师会决定某个科目持续多久，什么时候换到另一个科目。总是有机会可以在一个科目当中让孩子回想另一个科目中学到的内容，但这不应该是为了让孩子记住尽可能多的学习内容。只不过知识必须沉入精神的深层才能成为能力。即便在学骑自行车这么简单的事情当中，我们也必须忘记那个过程才能获得那个技能。那些公众人物没完没了地抨击指责他们的学校岁月被浪费，因为他们几乎不记得老师教给他们的东西，其实他们没有意识到自己多么应该感谢那些忘记的东西啊。

注：

① 按英国的制度孩子们在第十二年会被分成三组，就读三种不同类型的学校：语法学校、现代高中和技术学校，除了少数综合学校是在内部做这些划分。有些条件下可以在十四岁的时候重新分配，但这很难实现，并且许多校长都抱怨年级分配错误的比例很高，这个问题随着孩子长大会变得明显。

② 吉赛尔记录到，那个七岁孩子不知道上帝怎么工作，但他认为他必须要有魔法棒。

③ 参见第15章"音韵舞和音乐"。

# 第 11 章　九至十二岁

第十年在孩子一生中极其重要，原因有两个，第一个已经描述。那就是孩子正在接近童年的正中央，在这里，从头向下发展的构形的力量正在与从四肢向上发展的"觉醒"的力量相遇。另一个原因是，有一个对应于第一个阶段当中孩子开始说"我"那一刻的事件正在发生。在那一刻，大约第三年的时候，他第一次在行动中表现出一定的自我主义（假如可以这样说的话）。七年之后，在第十年，他在情感生命中表现出的自我-感明显增强。正是这一点会让他更有意识地把自己奉献给老师或父母，假如他能在自己里面找到他需要的品质的话。

吉赛尔在这个第十年中观察到的特征很有趣。他描述这个时候的主要特征是自我-动机。第一次，孩子能够在中断一个任务之后有目的地重新继续这个任务，并且他会喜欢通过重复来让自己的技能变得完美。他的良知会发展，而且他想要直率。他对正义有了基本概念，并且可以接受责备。在知识方面，他开始对不同的旗帜、不同的汽车型号之间的区别感兴趣，等等。他还喜欢加入有密码、规矩和禁忌的团体。那种团体通常仅接受一种性别。事实上他有了个性，而我们应该容忍他的各种癖好。

所有这些都非常正确。但是遗憾的是，观察者们，就像吉赛尔在《五至十岁的儿童》中所说，会认为这种"情绪生活的深化，当然应该归因于生长导致的神经-体液系统的生理变化"。生长带来的改变的确是明摆着的。但它们是孩子们用来提升自己达到新的体验层次的杠杆，而不是它的原因。

在教育的过程中必须正确面对这些改变，应该注意到它们。因为这些改变具有根本性的重要意义，相比之下，智力的改变反而是肤浅的。然而在大部分学校里，决定孩子的年级划分的是智力。谁听说过哪个孩子因为画画或音乐特别好，或表演或针线活特别好而跳级的？然而恰恰是这个智力，它掩蔽了更深的生命过程，而真正的教育恰恰应该建立在这些过程的基础上，不论智力成就如何。智力方面自然也必须应对，但不是作为根本问题。在华德福学校，孩子们是按年龄分班的，以便他们的教育体验可以满足各个人生阶段最深的需要。某个特定历史阶段、某个特定科学学科、某个特定的数学过程的讲授，都应该符合孩子的需要。孩子对这些内容的反应，一部分取决于智力，一部分取决于艺术与想象能力。要根据年龄选择主题，根据能力和气质进行调整。

第十年可以很好地展示这个原则。在这个年龄，智力方面的广泛差异已经很明显了。有的孩子已经阅读得很完美，而有些孩子却仍然只认识最简单的单词。有些孩子做加法已经做到几千，而其他的孩子做几十以内的加法还为难。但在这背后的深层发生的是相同的心理变化。而教育的主要任务正是应对这种心理变化。

怎样做到这一点？单就这个第十年就足够写一整本书的，这里只能列出一些要点。但这些要点也必须足够详细，至少应该足以展示出那种必需的态度。那种态度就是要把所有事物都和人联系起来。这里面没有任何新东西。古希腊就有一句谚语："人是一切事物的尺度"，而歌德也认为"整个世界在人里面都找到了它自己的意识"，人们理所当然地认为，通过某种方式，全部自然都在人的个体里认识到了它自己。只是新近才把自然看作与人无关——除了出于实用的目的，或者最多也不过是认为二者具有相似的进化事件。我们在童话故事和寓言中都能看到人类和自然世界的合一。现在孩子们和自然之间需要一个新的联系，但这很大程度上取决于那个他们本能向往的、人的中心能否得到保护。如果能，那么他们此后一生当中都将继续把世界当作自己的家，然而现代时代几乎没人能做到这一点。

那么在这个年龄，人这个中心就将成为我们探索的起点，而我们也总是会回到这个中心来。比如说我们在研究动物界——而四年级碰巧是做这个研究的最佳时间。我们不应该一开始就去动物园参观关在笼子里的野生动物，不论它们的生活条件有多好。开始的时候应该是跟孩子们讲他们了解的动物，讲的方式应该有助于构建想象图景，在图景中孩子们可以看到这些动物和人的关系。

我们可以从人的头开始讲。孩子们会描述它是圆的，并且可能还记得他们曾经把它画成一个圆圈，里面有嘴，嘴里还有大牙。它的外面是硬的，可以保护里面柔软的脑组织。它有许多窗户，可以让外部世界进来，而这些窗户打开和关闭的方式都不一样。眼睛有真正的关闭装置，但我们的耳朵也能关闭，尽管它们没有关闭装置，有时候甚至当我们听到某些非常特殊的话的时候也会把耳朵关上。空气会从我们鼻子上的两个门进出，而嘴是一个特别的门，因为我们会打开它让食物进来。但另一方面，话也是从这里说出去。假如食物是好的，我们就会健康；如果是坏的，我们就会生病。而如果我们的话是好的，就会让别人健康；如果是坏的，就会让别人生病。所以我们应该比吃进嘴里的食物更加仔细地注意从嘴里说出来的话。

此外，头不喜欢太多运动。如果长时间地摇它，它就会晕。它喜欢世界到它那里去，而不是它自己到世界那里去。事实上，它可能会非常懒，除非我们让它工作。有没有哪种动物外面是硬的，而且甚至努力变得像它一样圆？是的，是整天待在海底的贝类。它们也很懒。它们会把壳打开，让海水把食物冲刷进来，就像我们让光冲刷我们的眼睛、声音冲刷我们的耳朵，还有空气冲刷我们的鼻孔一样。即便那些只有一个壳的帽贝也会放松对岩石的抓持，让水冲过它们。事实上，它们通常抓持得特别轻，假如你趁它们不注意抓住它们，都可以很容易地把它们弄下来。但一旦你让它知道了的话，它们就会抓得惊人地紧。有一种动物和贝类差不多，但没有壳，而且它也不会抓在岩石上。假如我们画一个人的头，并且想象，当我们看东西的时候会有两只手从眼睛里伸出来抓住那个东西，并且当我们听东西的时候会有另两只手从耳朵伸出来，闻东西的时候又有两只手从鼻孔伸出来，而当我们吃东西的时候——那我们的上下颌正好像是两只要把食物抓住的手臂；如果我们把这八只手臂从头上画出来的话（其实它们的确是在那里的，我们只是看不见它们罢了），那么我们就画出了——一只章鱼。所以章鱼就像一个既没有身体也没有腿却能四处移动的头。

我们躯干的形状和头部非常不同。它可以这样那样弯曲、扭转，因为它不是包裹着一个坚硬的壳，而是有美妙的肋骨，就像退潮时海浪在海滩上留下的垄。有没有哪种动物是完全由躯干和肋骨构成的，就像章鱼完全由头部构成一样？当然是鱼了，它们有美妙的、灵活的骨骼。它们可以四处游动，时而冲刺，时而急转，甚至不需用腿，仅靠身体像弹簧一样卷曲就能跳出水面。但是鱼的头部多么渺小啊！难怪它会被人钓走。

我们的腿又和头部及躯干都不一样。事实上，它们和头部恰恰相反，因为它们的骨骼是在里面的，而不像头部那样是在外面的。许多动物都有腿，但他们实际上都是陆地动物。而且它们的腿的形状也都各式各样，都是按照各自的功能来的。马的腿多么精致啊！但你有没有发现，他的后腿相当于膝盖的位置的关节的弯曲方向是相反的？为什么会这样？因为这个关节根本就不是膝盖，它是马的脚后跟！马的后腿总是站在脚趾上，就像你预备开始赛跑的时候那样。他总是在为赛跑准备着！

和马相比，奶牛的腿就显得又细又弱，几乎像棍子一样。她的后腿也是站在脚趾上，所以我们就可以看出来，她曾经也必须奔跑。但后来她的肚子变得太大了，就不能再跑了，她的腿只要能把她的巨大身体支撑住就相当足够了，这样她就可以不断地吃草，吃草，吃草。

然后，你有没有注意到老鼠的腿？他的后腿比前腿长，所以他可以跳得又高又快。但你会注意到所有这些动物和人类之间的一个巨大差别。它们都没有手臂！即便猴子也没有真正的手臂，因为他用腿脚和手臂做的事情是一样的，他会爬树，会从一个树枝荡到另一个树枝。他有的其实是四条腿，这些腿的功能和其他一切动物一样：帮助他搞到食物。它们只是身体的仆人。但我们的手臂和腿脚就非常不同。为什么呢？因为我们是直立的，因此我们的手臂就从地上解放出来了。我们用我们的双手和智慧的手指能做多少美妙的事情啊！但没有任何东西比一个男人或女人或小孩为自己的朋友或邻居做的东西更美妙的了。这样我们就跟动物完全不一样了。这样我们就能做任何动物都做不好的事情了。这样我们就是真正的人了。

还有许多其他方式，可以从某个人探索动物界的生动图景出发来讲我们可以回想一下斯芬克斯的传统形象,后半身是牛,前腿和胸部是狮子,长着老鹰的翅膀,还有人的头。所有的动物又是在人里面实现了合一!因为牛的什么部位最发达呢?是消化系统。他有好几个胃,并且把食物消化两次,这太神奇了!难怪牛的体型那么笨重呢。再看看狮子的身体。他的胸部在鬃毛的辉映下显得多么雄壮啊。但是如果他转过身去,我们看他的后半身的话,那看起来是多么单薄甚至软弱啊。他需要多大的肺才能发出那震天动地的吼叫啊!当他去捕猎的时候,所有其他动物都站住不动,一听到他的吼叫都会浑身发抖。他的眼睛特别红,因为他的血液以宏大的血流从心脏灌注到全身。所有的动物都怕他,他却什么都不怕。正是因为这个原因,所以我们称呼非常勇敢的人为"狮心的"。但是如果说狮子是兽中之王的话,那么鸟也有王。他高高地住在山上,长着巨大的翅膀——比你们的胳膊长得多——他可以飞越一座座的山峰,高得看起来像个小点。你们都知道这是什么鸟——老鹰。你可能常常想,你也想要他那样的翅膀,想飞多高就飞多高。但你其实有那样的翅膀。那就是你的思想,带着你翱翔在浩瀚的空间,直到星星的高度,而且可能有一天你甚至还能(就像有些人已经做到的那样)飞到天堂,神和他的天使们就在那里。因为你的思想会飞得像鸟一样敏捷。伟大的诗人荷马,到时候你们会听到很多关于他的事,他想要描述某个东西运动得特别快的时候,他就说它"像鸟的翅膀或思想一样"。或许如果我们能看见你的思想的话,它们看起来就会像翅膀一样。你们有的人翅膀可能很美丽,色彩鲜艳;有的人翅膀可能很小,颜色是深棕色的。但是,和鸟不一样,我们可以更换我们的翅膀,而且即便它们现在特别小,但是当我们长大以后就会拥有美妙的羽毛覆被。所以难怪斯芬克斯长着人的头,因为人可以拥有牛的力量、狮子的勇气和老鹰的矫健。

假如用这样的方式——只是简单地暗示一下——让孩子们看到人类周围的各种动物,那么你就能在他们学习用感觉之眼看到的同时,帮助他们用想象之眼再次看到。而在另一个层次上,从这些寓言和童话里,那些动物会成为道德的老师,这种道德来自人的身体结构本身。那种看待动物的观点多年以后会帮助孩子们理解许多古老的宗教传统。在基督教历史上,四福音总是和斯芬克斯身上的四种存在相联系,路加福音对应牛,马可福音对应狮子,约翰福音对应老鹰,马太福音对应人,这不是无缘无故的。

大部分孩子对动物界的直接兴趣比植物界要强烈。当然动物界和我们的联系更明显,而且如果从人的立场来看,进展到植物之前,用整整一年的时间专注于动物也不算过分。教育的艺术在于生动的期待。如果能让孩子们觉得下一年将会有一些新的、神奇的东西给他们学习,那就最好了。匆匆忙忙是最糟糕的事情。

把人类的形状作为出发点来研究植物是很难的。只有往后孩子们才能充分理解植物的结构实际上是人的结构的倒转。因为植物也包含三套系统——根、叶和花。但矿物的力量活跃的地方是植物的最底下,是根部,而人体里面对应矿物特性的是头部。植物当中最像消化系统的是花,有的花甚至能吞噬昆虫,而呼吸过程则发生在叶子,植物的中间系统当中,在人身上也是中间系统。事实上,植物的呼吸和人类的呼吸正好互补——这可能是最大规模的、最震撼人心的共生关系。

对所有这些内容当中所涉及的概念,孩子们只有在今后的植物学课程中才能掌握。但即便刚到第十一年,他们也能以图景的方式看到那些以后才能构建出来的科学概念。从已经学到的关于人类的内容,他们会知道,热在身体上不是均匀分布的。我们的头部比较凉,如果它变热了,就像发烧的时候那样,那么我们就不再能够思考了。我们的消化器官是热的,就像麻疹发病时那样热——而假如它们像头部一样凉,那么我们就不再能够消化食物了。仅仅在节奏部分我们才刚刚好,既不过热,也不过凉。

仔细想一想,你会认识到,你的手里从来没有拿过一株完整的植物!因为一株植物在不同的季节是非常不同的,而你不可能把这株植物一年四季的样子都拿在手里。在寒冷的冬季,植物的生命在根里,而事实上,根在整个全年当中都生活在冬天般凉爽、黑暗的土壤里。然后春天的光来了，把叶子从地里或树干里吸引出来。即便在炎热的夏天，叶子也总是在聆听着微风的到来，为它们保持凉爽适宜的温度。但是花——那结出果实的地方——却喜爱仲夏的艳阳。它不想活到秋天，那时世界将会再次变凉。所以花就努力地朝太阳长上去，而当它发现它无法够到太阳的时候，它宁愿死去，也不愿活到秋天。假如你被变成了一株植物并且种在地上，那么你就只能倒立在头上。因为那是你最冷的部位，就像植物的根一样。而你所有的消化器官都很热，它们都像花一样朝太阳长上去。所以你其实是一株根在空中的树，而植物则是头在地里的你。而人也总是应该像植物那样拥有全部的季节。当有事情需要做的时候，人就应该充满热和能量，甚至应该努力伸向太阳。但是当有困难的问题需要解决的时候，他就应该让头脑尽可能地凉爽，并且真正地抓住事物的根本。

从这样一个开端，我们可以进一步探索，哪些植物重点发展的是根部，哪些是叶子，哪些是花。同样，如果简单地拿植物生长的各个阶段和孩子自己的头脑的发展相比较的话，也会让植物的生长阶段具有更多的意义，并且能提供一个机会，让他更多地意识到他现在已经走过了多少旅程，并且将来还有多少旅程要走。例如，我们可以解释，当你很小的时候，你在黑暗的房间里整天睡觉，就像树林里的蘑菇一样。然后你就成长了一些，但仍然很柔嫩，就像苔藓一样。再后来，你勇敢了一些，会用"我"来称呼自己，并且进一步对世界睁开了眼睛，像是蕨类和裸子植物。然后你开始有了各种各样的愿望和思想，这些都是你小时候从没有过的，于是你成了完全成熟的植物，各个部位俱全。有的植物比别的植物简单得多。有的植物只有平行叶脉，而有的植物的叶脉会构成奇妙的图案。有的植物甚至都没有像样的花瓣，而有的植物则有绿色的萼片构成的杯子，里面长着美丽的彩色花瓣构成的花冠。或许你才刚刚达到最简单的花的阶段，但你们很快就会既拥有花萼又拥有花冠了。用这种方式讲植物既满足了孩子们正在增长的精细区分的欲望，又让这种分类仍然保持人的意味。考察植物的美的时候不应把人忘掉。

结束植物主题之前还有一个要点值得注意。第十年之后，孩子们开始对现象的原因感兴趣，不是他们以前用来解释一切的那些拟人的目的。第一次让他们接触因果关系的方式不应该是通过机械的概念，而是要联系生命，这样会好得多。极地或高山地区的植物的形状和特性是对当地主导的自然条件的响应，而且必须和温带和热带地区的植物形状和特性大不一样。可以把这一点作为活的原因，它不会导致机械的世界图景，后者产生的原因正是因为我们无一例外地把因果关系和机械作业联系在一起。这部分也是一样，教育应该努力警惕这个年龄的偏颇倾向。

从人到动物再到植物，这个进展顺序自然而然地会引向矿物界。但矿物方面的学习应该等到第十二年之后再进行，此时人体当中的矿物部分，也就是骨骼，开始像前文描述的那样在孩子的生命中发挥作用。在那个顺序里，我们还是在遵守生命与运动先行的黄金法则，最后才讲无生命、无运动的东西。这是童年的方式，也是创造的方式。然而在进展到这个阶段之前，中间这几年当中还有其他几个方面需要考察。

小孩如果遭遇故事的饥饿的话，那么他们从来都不可能成长良好。第十年，他们就足够成熟，可以离开童话故事的简单世界，进入更广泛的、更富于历史图景的神话世界。各个不同民族的神话之间在情态和强调重点方面存在显著的不同。芬兰的《卡勒瓦拉》、北欧的英雄史诗以及希腊神话，这些都像不同介质和色调的画一样。孩子们在学校生活中最好能听许多神话故事，但自然而然地，最重要的故事对不同国家来说也是不同的。在欧洲的传统上，德国的英雄史诗在文艺复兴时期被希腊和罗马神话完全压倒。雕塑、绘画和文学领域的主要灵感都来自这些地中海故事，并且要想对欧洲文化有基本的了解也必须知道这些故事。但是在19世纪末，那些北欧神话又再次复兴，并且对艺术和文学产生了深远的影响，爱尔兰的凯尔特故事自然不用说，那时也同时复兴。

最好能安排好选定故事的顺序，这个顺序应该适应特定年龄的孩子的发展。如果我们在各种神话中只选择两种的话，那么就选北欧神话和希腊神话，显然希腊神话比北欧神话意识更清醒。希腊的众神会坐在那里互相辩论，而且每一位都清楚地知道自己在做什么以及为什么这样做——尽管那些理由并不总是值得表扬。但在北欧神话里就没有任何一个相当于希腊神话的雅典娜的人物。洛基有一种本能的狡猾，但那和帕拉斯·雅典娜的宁静的智慧是不同的。但北欧故事拥有巨大的活力，这是希腊神话无法比拟的。它们可没有雷神托尔，把锤子扔掉了还总是能收回手中。正是因为这个原因，对第十年的孩子来说，北欧神话之类的故事比希腊神话更合适。他们在北欧神话的人物里能找到自己崭新的、鲜活的个体感的美妙的表达。任何老师如果给这个年龄段的孩子排演一出北欧神话的戏剧的话，就都会发现这一点。他们特别喜欢表演托尔和洛基、那些巨人、巴尔德尔和奥丁老爸，"看起来很古代的独眼老头"。希腊神话——历史上是意识的前奏——应该稍晚再讲，最好等到第十一年，届时它们会成为第一次历史课的适宜的引导。因为正是希腊人开创了历史艺术，就像他们开创的那么多其他东西一样。在他们之前，也有过某个国王或某个民族的编年史，但没有那种各种不同力量和意志的互动，或者关于某个过程的时间发展的历史，而这些都是历史研究的本质。

孩子们恐怕从没有学过任何一个比历史更杂乱无章的，或者最没有照顾到他们的发展的主题了。事实上正是在这儿童时代的中间阶段，孩子们才开始培养出任何真正意义上的时间感。在此之前，作为前一年的传奇故事的自然延续，他们会喜欢听适宜的伟人故事。伟大事迹的故事会满足并刺激他们的个体意志的新感觉。然而他们对阶段几乎没有感觉。用"从前"来讲，阿尔弗莱德大帝或马可·波罗或亚伯拉罕·林肯的故事就足够了，但是这种情况到第十一年就改变了。韵律系统的力量让位给意识，而此时为了强化新赢得的时间感，就需要历史课。

应该从哪里开始？有些教育家一直主张，像理查德·利文斯通爵士在《教育的未来》中写的那样，历史对儿童来说是无意义的，因为他们对事态没有感觉，而且也无法获得这种感觉，直到他们遇到生活的体验为止。

然而，这是对想象的否认。莎士比亚不需要实施谋杀也能体验谋杀者的心理状态。毫无疑问，孩子们的想象只能引导他们进入某些历史方面。但即便这也是很多了。以必须先经历到为理由不给孩子们讲历史就好像必须等他们到过某个国家之后再给他们讲那个国家一样。

正是因为我们仍然在发展孩子的想象，所以历史课最好不要从当代或近代历史开始，而是从神话和传说的历史阶段开始。希腊方面，特洛伊战争就是半传说半历史的。俄底修斯那样的角色会在地米斯托克利身上重现，狡猾和机敏如出一辙。忒尔希忒斯在克里恩身上再现。与波斯的战争具有大卫与哥利亚战斗的品质。但所有这些促成了逻辑、科学和政治的诞生，不用说已经令世界倾慕的建筑和艺术了。事实上，希腊历史上实现了从图景意识向智力的转变，而这个阶段的孩子们自己身上也在发生着这个转变。但希腊人的智力仍然运用并作用于世界的各种活的力量。他们的思维几乎没有触及矿物界，并且他们认为思想是心脏而不是脑子的事。因此必须恰好在第十一年这个时间讲希腊历史。但希腊历史和思想是深深扎根在东方历史当中的，这种渊源比以前认为的要深。因此，孩子们首先应该了解一些关于埃及、波斯和印度的故事，即便以非常简单的方式也好。它让我们有机会从一个新的视角重新回顾那些圣经故事。而当亚历山大把希腊的思想和文明带到埃及、波斯和印度的时候，孩子们就知道他去的都是什么样的地方。

对世界历史的研究必须通过对他们自己的时代和地方的学习来平衡，只有这样才能全面满足孩子们的需要。他们已经了解了关于人类的工作的一些情况，他们在近旁都能直接看到这些工作，盖房子、农耕等。到十一年级，他们应该了解本地更远范围内的各种行业。他们周围乡下都种植什么类型的作物以及为什么？可以找到什么样的原材料，它们有什么用途？工业领域里的实际化学过程以后才讲，但孩子们一定要掌握人类的工作与地球之间的关系。

尽管列出一套完整教纲是可能而值得的，但本书的意图不是那个，而是展示如何通过特定类型的科目来促进孩子不同年龄的成长。在这个意义上，我们已经讲过了适合于整个这个儿童时代中间阶段的那种自然和人类的图景。但是关于算数这个图景化程度较低的科目还要做一些补充。

算数方面有两种方式方法，一种是实用的，一种是纯数学的。所有和生活实践相关的算术都必须尽可能地真实。假如是一个关于成本的问题，那么那些价格都应该是当地实际采用的而不是假装的。有时可以在同一个任务中让不同的孩子贡献不同的项目。或许在计算一个房屋的成本的过程中，让一个孩子去寻找砖的价格，另一个寻找地板的价格，另一个寻找钉子或管子的价格，其他孩子寻找不同类型的劳动力的价格。这样孩子们就能在这些更加纯真的日子里学习盖房子，此时，成本的概念几乎还没有进入他们的头脑。应按孩子的能力给他们安排不同的任务，但是所有孩子都将为一个共同的任务贡献力量。假如附近有人盖房子，并且它的实际成本可以计算出来，那就更好了。许多社会问题会浮现出来：工作时间、比较工资、保险、工人津贴，等等，这些东西孩子们现在都应该开始能够意识到。

而纯数学方面，对这个年龄的孩子来说，没有比分数和小数更好的东西了，在这个不同的领域里，再次体现了从整体到部分的原则。要掌握分母越大分数越小的概念；或者在小数中，如果你到小数点左侧去，数值会越来越大，而到右侧数值会越来越小——这是一个思维练习，它能让孩子们体验到数学的对称和格式美。因为数学像其他任何科目一样，如果你能给孩子们学的所有内容注入美感，那么就能对他们产生深远和有益的影响。艺术型的孩子们常常不喜欢学数学，但如果你能让他们发现这个科目里的美的话，那么他们就会表现出极大兴趣。

提到艺术元素就引出了一个最后的考察方面。整个这个儿童时代中间阶段当中，绘画和塑型决不能脱离常规科目而交给专门的老师去带。因为如果那样的话，就是在教给孩子们，艺术和生活是两回事。而如果用艺术性的方式来教各个科目的话，那么就会遇到一些情况，绝对需要把绘画或塑型当作各科学习的一部分。即便在数学当中，都可以用线画或彩绘来表达对称或对比的体验。在这个专门化和离散化的世界里,尽可能长久地保持孩子的完整(或者说心智健全)恰恰是教育的责任。但是假如老师不会画画怎么办?那么他就必须努力重新找回自己的教育过程中被毁掉的那些能力。那些殷切而充满艰辛地努力去做的老师会激发、鼓舞孩子们画出他自己永远无法画出的更好的图画。对那些从未尝试过绘画的人来说,就照丘吉尔的建议去做吧:"做一个试试。"

# 第 12 章　第十二年及以后

关于教纲当中针对孩子第十二年的变化需要体现的那种发展，我们已经讲得足够多了。各种生长力量现在已经探向了四肢，而"觉醒"的力量则升向了头部。因此这个时候会真实地面临着性成熟的到来：四肢开始变得有些瘦削，而思维变得有些批判。成年人们，他们之前会觉得那些小女孩那么迷人，现在却发现自己最喜欢的爱丽丝在这个年龄上离开了她的奇幻世界。

此时应该开始引入初步的现代科学思想，并且在这三年当中，这些男孩和女孩们都应该对现代那些伟大科学发现以及现代西方生活作为基础的那些重要发明有一个基本的掌握。一如既往地，开始的方式极其重要，会对孩子与科学的总体关系产生巨大影响。第一堂科学课应该是观察性的，而不是理论性的。太多的孩子知道所有的理论，但当你鼓励他们去运用自己的双眼的时候，他们却无法讲出自己亲眼看到的是什么。他们会知道太阳系的一切，而且可能还知道恒星的光谱分析，但他们却不能告诉你月亮的状态，或指出那些星座。他们知道进化论，却不知道身边的树或植物的名称。

假如最初的科学课能同时联系上孩子的艺术体验，以便让他在进入科学殿堂的时候不要把里面的那个艺术家丢在外面的话，那就实在是一件幸福的事。而现代教育通常都不能做到这一点。正是因为这个原因，简单声学这样的主题就特别适合作为进入科学世界的入口。不仅孩子们能够就声音的传播方式进行大量的观察——并且当他们发现它在水和固体物质中的传播比空气中好得多的时候会非常惊奇——而且他们还能发现一些奇妙的原理，这些原理决定着张力弦振动的现象，在希腊思想当中具有重要意义。拨动张力弦发出一个音，然后再发现要想找到这个弦的上方八度音就必须把它恰好分成两等分，这对孩子们来说是无比快乐的事。他们会认识到，耳朵是个数学家，而且或许是个比他们的有意识的头脑更好的数学家。他们可以制作小游码卡在震动的弦上，并且对各个音进行研究。他们可以发现所有音乐音程的数字比例关系，并且，如果弦的一端通过滑轮连接砝码，还可以研究音高和张力之间的关系。可能还可以让他们制作竹管乐器，作为这个阶段的高潮。他们肯定会带着更多的兴趣和理解去观察教堂里的管风琴的音栓配置，它的 16-、8-和 4-英尺的封闭和开放音管，以及两套或三套管列的组合。

最好不要精密的实验设备，而且假如能让孩子们自己制作就更好了。但对有些展示来说，建议采用质量最好的设备。例如，声音的塑形力量需要用克莱德尼盘上的图案来呈现，只有敏感的克莱德尼盘才能呈现出最佳效果。那些图案太美了，应该得到最佳的展示。

色彩现象也提供了同样良好的观察机会，在这方面，艺术感觉和科学探索并驾齐驱。还是那样，不要先讲理论，而是从孩子们可以看见的东西开始。如果他们专注地看一片绿色，然后把视线转开，那么他们会看到一块红色；如果看红色，就会看到绿色。补色的法则通过那么简单的观察就能展现，之后是原色和间色的问题，以及如何通过实际混合多种颜料或多束彩色光来形成间色。可以研究大自然当中的色彩，以及那些有趣的、古怪的彩色阴影。这些孩子学习牛顿的数学理论还太小，但是他们当然应该观察棱镜产生出来的颜色。假如他们观察得够精确，那么他们就会发现，棱镜并不是像大部分人学到的那样会把白光分解成光谱，而是只有当光被黑暗的对象限制住的时候才会那样。诗人、科学家歌德特别注意到的正是这个事实，而这让他得以形成了一套色彩理论，他的理论和亚里士多德的理论很相似，认为色彩来自光与暗之间的冲突。当我们观察黑暗穿过充满光的介质的时候，我们就会看见蓝色，比如天空和远山的颜色。但是当我们观察黑暗介质当中的明亮物体的时候，我们就会看到红色或橙色，比如透过城市的烟雾看太阳，或透过一张半透明的纸看电灯。在这个年龄，孩子们不需要费心琢磨歌德派和牛顿派之间的争论——或许他们说的不是同一回事。但是毫无疑问，对艺术家（他们都对数学振动过敏）和这些天真的观察者来说，歌德的色彩方式更有趣也更有价值。这肯定最能激励孩子们。

在这科学课的第一年里，最好从观察的角度介绍许多科学学科，而不是深入到理论地研究一两个学科，那种深入的研究可以留到下一年再搞。这里我们关心的主要是如何引入各种不同类型的科目；还必须要考虑到它们未来年复一年的连续性，不论从独立的意义上讲还是联系其他科目。再举些例子，热是一个很容易开展简单观察和实验的主题。可以用许多方式来展示热胀冷缩的事实——铁轨、温度计、壶里的蒸汽——孩子们从日常生活中已经了解了这些事实——以及通过许多实验。应该注意不同物质燃烧的方式，也不应忘记火在宗教和神话中扮演的角色。还应该介绍一些电和磁的内容，因为它们在现代生活中具有那么重要的作用，也因为它们的活动关系到整个地球。可以用铁屑展示磁力线，这是让不可见变为可见的一个美丽而激动人心的例子。实在是，在这种观察性科学当中，最难的是适可而止。

    所有这些早期的科学课都能提供绝好的机会来练习准确描述的艺术。很少有人能以准确而有序的方式描述一些常见的对象，例如一个苹果或一个橘子。这是一门重要的艺术。

    这个阶段的孩子们之所以适合学习那种观察性科学，是因为他们自身的成长，而这些成长也意味着孩子们已经足够成熟，可以针对矿物界实现一定的理解了。还是那句话，要坚持从整体到局部的原则。如果带一块花岗岩或石灰岩到教室去讨论它的化学组成，那就把它和地球割裂开了。首先应该让所有孩子形成关于一座石灰山，或石灰岩山脊，或花岗岩山脉的想象图景；而假如他们生活在那样的区域的话，老师就更应该帮助他们用想象的眼睛看到它。雨水降在这些不同的土壤上会发生什么情况，它们上面最适合生长什么样的树和花，它们会生产哪些作物，以及最重要的，它们是由什么构成的，以及它们是怎么到那里去的——考察这些问题就是为了保持矿物界与活的地球的真正的联系。如果让孩子们知道，地球上那些伟大的石灰、石灰岩和大理石的矿体都是活的有机体创造出来的，那么就会给他们留下深远的印象。如果他们在正确的年龄学到这一点的话，那么他们的思维就不会封闭起来，从而能够认识到，死的东西来自活的东西，而不是活的东西来自死的东西。

这个科学导论应该与数学方面的适当推进同步进行，尤其是几何学。前文已经提过，几何应该以走和跑为基础，并且要把各个主要几何形状当作社会性练习在音韵舞课上进行。在引入适合于现在的几何形式的时候，也要遵循相同的运动先行的原则。假如你在黑板上用白粉笔画一个三角形，那是相当僵死而无生命的。如果你找一根白皮筋，沿一条水平线把它的两端钉住，那么你就能在中间上、下拉动这根皮筋，从而可以构建出一个可以自由移动的三角形。然后你可以让那个顶点垂直移动，从而出现一系列的等边三角形；或者你还可以让它绕着一个圆周移动，直到那个三角形消失、变成一个直线。许多其他形状都可以类似处理。还可以让孩子们注意那些能看到运动中的几何形状的地方——白天变化的影子，旋转的头灯照在墙上的光，跳绳的曲线，以及风帆扬起的美丽形状。

实践方面，所有孩子都热爱几何线画。他们第一次学会在圆里画六瓣花的时候是多么快乐呀！他们会在课本空白页上一丝不苟地实践这项艺术，这种精神像不像西斯廷的修士们在灰墙上实践这项艺术的情形？孩子们喜欢画一系列运动的图形，并且喜欢按照一些几何原则来发明许多新的制作图案的方式，这既能让他们学到知识也能给他们带来快乐。他们也会发现，当三角形的顶点越来越靠近底边的时候，底上的两角会越变越小，顶点的角会越变越大。而当顶角变成直线——两个直角——的同时，两个底角就会消失。但这些角的和总是保持不变，总是两个直角那么大。这样，孩子们在学习逻辑证明之前就能通过运动感知到这个重要的几何法则。

这种运动的几何可以发展成某种极有价值的东西。想象某个三角形，它的每个边上的每个点都按均匀的速度朝向它的中心运动。每条直线都会变得略微弯曲，如果我们在运动刚开始就马上停住的话，那么那个三角形就会变成像是常青藤叶子的形状。但是，如果这个运动继续，那么每个边的中点就会在其他点之前到达中心。然后，随着每条线越过中心，又会有一个新的形状产生出来，这不再是一片叶子，而是一朵三瓣的花朵。我们会看到几何法则决定的一种变形。而从各种规则形状出发，根据类似的法则让它们运动，就能产生出植物界的各种主要形状，尽管这些法则有的比较复杂。通过这些事物，柏拉图的名言"上帝用几何造万物"就显得具体而真实。孩子们会发现，他们通过思想的内在世界能够创造出来的东西在外在的自然世界当中也有显现，这种发现总是很好的。开普勒关于他发现的行星运行法则说过一段美妙的话："我跟在上帝的后面思考他的思想！"我们可以把那种情态带入最初的几何课当中——一种体现了外在与内在世界之间的和谐的情态。

数学既有理想的一面，也有实践的一面，而现在孩子们对周围事务的兴趣越来越广，适合给他们介绍一些简单的商业实践。其中最突出的就是贷款与利息。如果做具象思维的话，那么孩子们就完全无法理解利息的概念。很显然，你如果借了一把铁锹，那么你必须还一把铁锹，而不是一把铁锹加一把泥刀。孩子们会非常认同中世纪的概念，认为给钱加上利息是错误的，因为这样你就让"无生命的金属繁殖了起来"，而只有活的东西才能繁殖，而不是死的东西。因此利息计算在这个年龄是很重要的，可以帮助孩子们培养出更抽象的思维，他们需要获得这种思维。但这种应用算数应该与他们周围世界里的实际情况密切相关。没有比那种关于未知的某人在某个想象出来的事业中投资了虚构数量的金额的问题更抽象、更枯燥的了。

作为这重要的第十二年的速写的总结，可以给孩子们讲罗马人和罗马帝国，这和他们的总体成长恰好相符。因为罗马人前所未有地开始站在地上，并且纯粹的人的个性也第一次得到了确立。但正是在这个历史纪元当中，在巴勒斯坦，那聚会的中心，那希腊人理解了神的话的地方，罗马人获得了法律的天赋的地方，犹太人感受到自己的命运的地方，基督诞生了。实际上，几乎在罗马官方教义宣称在皇帝身上人成为神的同时，基督徒坚持着相反的信念，认为神成为人。基督教信仰转化了罗马信仰，或者，用政治的话来说，罗马帝国成为神圣罗马帝国的这段历史，是最模糊的历史阶段之一。但对西方人来说，这无论如何都是历史的中心过程，这方面一定不要在孩子的头脑里植入那种太过流行的思想，认为有一个古代历史，有一个现代历史，并且二者中间存在着一个被称为"黑暗的中世纪"的真空。事实上，假如说历史上存在过任何一个统一的阶段的话，那就肯定是那个罗马的传统统一了整个欧洲、希腊和犹太的传统将它文明化而基督教的发展又将它高贵化的阶段。自然地，孩子们对此只能实现基本的、图景式的掌握。但只有掌握了这个方面，他们后面才能理解西欧和罗马决裂意味着什么，那是一个可怕的、重大的冒险，就好像离开安全的家到未知的大海里去远航却没有航海图和指南针一样。那次远航（这实在既是物理的远航也是精神的远航）的人们的际遇则要留到下一年再讲。一如既往地，这个地方又能看到那个营造期待的好习惯，并且，就像旧小说按两周章回发表的方式一样，刚好当那个英雄人物乘着小船被卷到海里或独自一人陷入丛林的时候，这一回就结束了。

度过第十二年之后，他们就将要迎接性成熟的更大的改变了。这个时期，他们将以一种新的方式既要发现周围的世界，又要发现自己内在的世界。这是有点神奇的一个时期，有许多他们几乎不知道如何表达的问题会产生出来，他们就算能向成年人表达这些问题，也不愿意这样做。因此在这个年龄就特别地要求给他们提供的生活经验和知识应该能满足和解答他们的隐藏的各种问题。而假如他们信任了那么久的那同一位老师能和他们并肩经历这几年的话，也会对他们有莫大的帮助。他们不一定非要找他来解决自己的烦恼，尽管他们完全可以这样做。重要的是他在这起伏的世界里代表着某种稳定的东西，而且有他在背景里就能给孩子们带来安全感，就像小孩子上床睡觉的时候知道他的父母就在楼下的那种安全感。

重新考察自然研究的所有主题，我们会发现，前几年这些课程从人类开始，并且沿生命各界向下发展一直到矿物，这些都是以图景的、道德的方式进行的。然而，现在孩子们对物质身体有了新的兴趣。他们需要详细的生理学课程。他们应该学习消化、血液循环、呼吸和神经系统的功能。

在这个年龄，身体某种程度上仍然是一个客体，像其他客体一样，因此适合广泛学习卫生知识，因为还不会有风险造成孩子们担心自己的健康。身体的机械部分，骨骼，也应该唤醒孩子们的崇敬。小孩子很难理解在自己或任何人的身体里会有骨骼。有个小孩去博物馆看到了骨骼，别人告诉他每个人身体里都有骨骼。他用神奇的目光看了看他的父母，说："爸爸或许有，但你没有，妈妈。"但现在孩子们就需要了解骨骼了，这恰恰是因为他们正在自己的生命里实现它的力量。可以对人类身体的神奇结构唤醒一种宗教式的敬畏。

正是在身体功能的学习当中可以联系到性的一些内容。这个问题不像许多心理学家和教育家认为的那样容易解决，他们觉得解决这个问题只需要从早期儿童时代起就坦诚相待。孩子们可以理解小孩是从妈妈的子宫里生出来的，没有任何困难，尤其是如果他们小时经历过一个婴儿的出生的话。但是对一个敏感的孩子来说，生殖和人类激情之间的那种联系有可能是非常令人震惊的，这种联系只有到了青春期才会显得有意义。此外还有一些方面现代心理学没有考虑到——天真的品质。在精神的有些领域当中，天真是一种强大的力量，假如一个孩子拥有那种天分（就像有些孩子那样），能够以一种天真的状态度过性成熟的话，那么这将对他后面的人生具有重大意义。因此这方面是需要伟大的策略的，需要找到正确的方式来讲这件事。

最好先考察尽可能笼统的方面，先讲宇宙的各种力量在每个种子的发育当中发挥的作用。植物单单结出种子是没有任何作用的，必须要有恰当的湿度、空气、光照和温暖的环境包围着它才行。即便具备了这些条件，那种子也只是提供了一个机会，让宇宙的各种力量能抓住物质并把它塑造成各种形状。这一点在大自然的所有各界当中都是一样的。种子有它的作用，但那只是很小、很短暂的作用。新的生命总是通过宇宙的各种力量创造出来的。

后面关于青春期的一章还会就此讨论更多。但是在这个青春前期，正是通过那样一种方式，我们才能为孩子们创造出一种平衡，拯救他们不会为性着魔，而如今这个时代，很大程度上整个世界都在为性着魔。这种着魔的一个结果就是那种普遍的信念，它来自某些现代心理学，认为，在手淫之类的活动或在对萌芽的性器官的自然兴趣当中，孩子们很小的时候就已经在享受性体验了。那些东西与青春期体验之间的关系就像用肥硕的拳头击打钢琴键盘与音乐艺术之间的关系一样。

不可避免地，随着孩子们长大，他们会感到知识在分化成各个专门的领域。因此这个年龄最好能引入复杂的、图景化的思想，例如两极对立的思想，许多知识分支都会在这里交叉。主班老师必须认识到，当他离开这些孩子的时候，那长期以来由他本人所代表着的知识的合一也将消失。因此他会努力在他们里面唤醒一种思维方式，一种能作为钥匙打开许多扇门的思维方式。他应该永远坚信，知识的终极的合一就在人里面；而通过反复不断地从各个科目回到这个共同的中心，他将在今后的生命中建立起它的基础。

例如，作为对人体知识的补充，孩子们应该了解诸如淀粉、糖、蛋白质和脂肪之类有机物质的结构，以及它们的重要营养作用。同时还要研究食品在地球上的分布。东方的主食，大米，在形状和生长方式上和印第安的玉米恰好呈两极对立关系，后者属于西方。前者是轻盈的果实分散在许多细小的茎秆上；后者长成一个沉重、致密的轴，紧贴着坚实的茎秆。这样我们就在东方和西方的主食当中看到了扩张和收缩的对立关系，这种对立关系存在于各个民族以及他们居住的地球上的各个区域当中。东方人，直到他们染上西方狂热之前，历史上一直对各种宗教体验那么开放，对尘世担心得那么少。西方人则专注于运用地上的各种力量，既没时间也不在乎做冥想。在东方我们看到人们吸食鸦片，它会把人从自己里面赶出来，进入一种美梦的状态。西方对应的物质是烟草，它会稳定神经并帮助我们专注。

我们在南半球看到的恰恰是相同的对比：一面是南美洲尖削成为坚硬

的、收缩的、骨感的形状，一面是东印度群岛和太平洋的散布的群岛。但有两极对立的地方就肯定有个中间元素。所以欧洲的典型谷物是小麦，它的穗既不像大米那样由许多分支小穗构成，也不像印第安玉米那样聚成一个轴。类似地，非洲也是南美和太平洋群岛之间的中介，既不像一个极端那么分散，也不像另一个极端那么收缩。事实上，东方与西方之间在地形上表现出来的对立关系在许多地方都可以看到。在地中海地区，西班牙西半岛是一片实质的土地。希腊半岛则破碎成上千个散布的小岛。意大利则是由若干大型岛屿构成，在二者之间把持着平衡。

在青春期，孩子们可以说是已经落在了地上——并且是在他们出生的这个国家和时代里落在了地上。因此，自然而然地，在儿童时代中间阶段那最后两年当中，就应该讲现代历史，先讲大发现时代，然后再讲工业革命时代。各个方面交织在一起，新的天体理论，以及哥白尼和牛顿的新的物理法则，知识和宗教领域对旧权威的拒绝，实现大发现的伟大航海及其带来的世界观的改变，有位莎士比亚创造了人的新图景，还有位海克鲁特描绘了地球，旧世界从过去中显现，而新世界召唤人类踏上新的征途——所有这些内容足够讲一年的了。世界以前从没有任何一个时代曾经有过那么神奇多样的探险，呈现过那么多激动人心的个性。第谷·布拉赫、伽利略、莱昂纳多、科尔特斯、德雷克，还有其他十多位，他们全都充满了探险和质询的精神，这种精神在这个年龄的孩子身上也刚开始出现，而假如它找不到正确的活动和恰当的英雄榜样的话，就可能转变为黑帮情节。

西方的孩子太容易觉得文明社会只是现代时代甚至更晚才有，而且觉得之前的任何东西都是原始的、不可靠的。因此一定要让他们认识到，一个方向上的收获几乎无一例外地意味着另一个方向上的损失。技术发明诞生的那个时代和那些国家几乎没有发展艺术的时间，这方面的天分会更为匮乏。条顿之后再没有庄严的大教堂。英格兰曾经是欧洲最富音乐天分的民族，而这个时候，当德国还在造就莫扎特和贝多芬的时候，它全在忙着搞动力纺织机和蒸汽机。

在和他们的年级老师一起的这最后两年里,孩子们不仅可以学习科学和工业方面的历史。他们还可以探讨那个时代巨大的政治分裂,例如君主制和共和制理念之间的分裂。美国独立战争、法国大革命或更早时候的英国内战背后的思想,这些理想在华盛顿、富兰克林、拉法叶、克伦威尔等伟人的身上表现出来。在这个年龄之前,这些东西对他们来说会显得毫无意义,而现在则会激起他们热烈的兴趣。经济革命带来的社会状况会唤醒孩子们的道德感。一般来说,社会和文化历史提供了政治和经济的背景。对孩子们来说反过来更好。

为了跟上所有这些步伐,数学方面也必须做出相应的进展。数学方面,给孩子讲伽利略的同一年也应该讲运动的法则以及力学原理。轮盘、滑轮和杠杆都应该了解。最好搞些滑轮组让孩子们尝试拉动。微型滑轮组只是展示给眼睛看的。而一套真正的工程滑轮组则能够调动起肌肉和骨骼。纯数学方面应该开始引入代数。那种可以把 $15=6+6+3$ 写成 $x=2y+z$ 的概念把思维带入了更深的抽象过程,同时也进入了一个充满神奇的世界。那些出于某种原因深受算数困扰的孩子们可能会发现,他们可以在代数中重整旗鼓,并且可以重新找回对算数的信心。几何也继续深入。比如说,可以通过多种证明方式来让他们领会毕达哥拉斯定理里面的美。在几何的世界里,思想可以自我支持、自我满足。它应该激发起对思维本身的无穷信心,而这种信心在现代时代遭遇了悲哀的衰落,因为在这个时代里哪怕最简单的提议也要由统计数字来支持,而那种晚至爱默生时代还仍然很强的直接诉诸真实感的习惯,现在已经几乎被遗忘了。如今假如哪本书试图这样做的话,肯定会被贴上"不科学"的标签大肆批判。

我们还没怎么讨论中间儿童时代的英语教学。事实上,在说、听、写方面进行良好的语言实践应该构成每门课的必要内容。最好养成大声朗读的习惯,朗读与正在学习的各个科目相关的最优秀的作者的段落。诗歌的学习应该成为常规的实践。等孩子们到了青春期的时候,他们就应该已经用心记住了颇为可观的一个小选集了,而且完全不必局限于他们能完全理解的内容。孩子们在读书的能力和爱好程度方面存在巨大的差异。但总是要鼓励他们刻苦地阅读那些与他们正在学习的科目相关的各种书籍。有很多神话和民间故事书，很多简单传记，许多关于不同国家的描述，这些都非常适合用来辅助前述各个科目的学习。然而，那些孩子气的书，以及旨在给出快捷信息的书，比如百科全书，应当避免。

　　为了丰富他们的历史，孩子们现在应该开始阅读历史小说。强迫那些毫无意愿的孩子去阅读可能几乎是完全无用的。这只能让他们长大之后更不爱读书。但实践当中，几乎所有孩子都极其喜欢别人读给他们听。我们应当记住，默默地阅读给自己听是相对现代的一种实践。罗马的作者会让人阅读自己的作品，一个奴隶会大声朗读给他的主人听。或许在那时，默读甚至都是根本不可能的事。据记载，圣安伯罗斯读经的时候嘴唇居然都不动，这让人们感到十分惊奇。这样的话，我们就不应该奇怪为什么许多孩子会不习惯默读。但老师们可以鼓励孩子们大声朗读小说的段落。而如果家长们晚上能巩固一下这个大声朗读的习惯的话，那么还能借此跟自己的孩子建立更亲密的连接，这是坐在一起看电视所远远无法实现的。

　　现在，戏剧对孩子们来说开始具有了特殊的重要性。当然了，几乎从刚会说话开始，他们就一直会从表演当中获得巨大的快乐，而且他们都热爱观看戏剧，即便那个戏剧远远超出了他们的头脑水平。但如果从人物与人物之间的冲突与反差的角度来看戏剧的话，这对即将进入青春期的他们来说是一项重要体验。莎士比亚的那些更加外向的戏剧现在能给他们展示出一系列的人物，极佳地适合于他们这个阶段的成长——热刺、格兰多尔、哈尔王子，以及许多其他人物。但如果在他们足够成熟可以欣赏更复杂的戏剧之前给他们引入这些戏剧的话，那么就会造成巨大的遗憾。有些东西甚至可能应该保留到成年之后。孩子们如果认为他们能理解并欣赏所有东西的话，那是错误的。

　　最后再说一说语法。在孩子的母语方面最好不要讲太多形式语法。形式语法元素放在外语当中讲解更好，尤其是像拉丁语那样的逻辑性强的语言当中，如果他们学拉丁语的话。重要的是，孩子讲的语言应该能够帮助他找到他自己。随着青春期的不断临近，孩子的内在生命会成长得更强，有两方面的能力会得到新的强化。一方面，孩子发展出更强的内在的欲望，并且开始拥有对未来的秘密的希望，就像那些公开表达出来的希望一样，例如去度假、要礼物的希望，等等。另一方面，随着他们对世界的了解越来越多，世界会在他们里面唤醒一种强烈的神奇赞叹和虔敬的感觉——甚至是强烈的惊讶。这就出现了一个两极对立。愿望的方向是从内在生命到外部世界，惊讶的方向是外部世界冲击了内在生命。而神奇赞叹则实现了接纳与付出之间的平衡。

这个时间之前，孩子们写作的内容都一直具有实况和描述的特征。而现在则可以让他们欣赏和表达精神的那些情态，包括希望、神奇赞叹和惊讶，去感受里面蕴含着的宇宙和人之间的互动，这对他们来说将是一个很好的锻炼。科尔特斯第一次看到太平洋的时候的那种神奇赞叹，济慈描述他的十四行诗时的那种激情，大卫希望替他的儿子死的愿望——"上帝能不能让我替他死啊，我的儿子，押沙龙"——这些东西孩子们都可以从自己的想象体验中去模拟，并且从而对个人与世界的新事物之间永恒的付出和接纳形成新的认识。这样语言就成了一个帮手，一个体验的解读者。

# 第13章 外　语

孩子们小的时候，一种超越自然的本能会引导他们从外部世界当中选择那些内在成长需要的东西来模仿。小孩会学到人类的三种本质的活动：行走，说话，以及思考。假如没有环境的作用的话，孩子自己可能也能挣扎着站起来，但却不会有任何词语来唤醒思想。如果没有那种内在的冲动和能力，那么环境也无法产生任何结果。这个时候，内在和外在世界之间存在着一个完美的相互关系。

教育应该不遗余力地维持那种和谐的关系，不论多么困难：教给孩子的任何东西都不应该仅仅因为他们以后的人生中会需要这个东西，或者据认为他们需要知道这个东西，或者因为他们的父母知道这个东西；而是只应该教那些——在内容和方式上——能够满足和帮助他们成长的东西。反之，如果仅仅出于当下的用途或快乐去教孩子，那就是给他们找事，或娱乐他们，这也不是教育他们。他们现在正确地、开心地做的事情应该为他们未来能够正确地、开心地做的事情做准备。孩子是孩子，但同时也是人的亚种（属于人）。

毫无疑问，这些建议超越了人的完美所能达到的程度；但前面几章已经说过，沿着这些路线去思考是完全可能的。假如努力照它去做的话，那么有些东西可能会早些学会，有些会晚些学会，而大部分内容都会以不同的方式学会，不同的重点都得到强调。但与其他教育形式相比，最终孩子们会为生活做出更好的准备。因为他们将会对世界有同样多的了解，而且可能更多，并且他们的内在力量直到成年都不会受到破坏。

还有一个教育价值最高的科目，前面的教纲介绍中还没有提到——那就是外语。该学哪门外语自然取决于许多情况，但至少要学一门外语，这样会拓宽心胸、培养思维能力，这一点是无可辩驳的。即便没有出国旅游的机会，通过学习另一个民族的语言也能认识到一个民族和另一个民族之间的思维方式有多大的差异，单是这一点就有解放思想的意义。大部分孩子都能掌握两种语言，而且最好这两种语言具有不同的特性，例如德语和某种罗马语族的语言，法语或西班牙语或意大利语。

前文已经提到，语言教学早在幼儿园时期就可以开始，那时发音器官仍然可塑，想象力仍然无碍。自然地，从一开始外语课就应该完全用外语来讲，但所有的绝对的规则都应当避免。通过歌曲、童谣、小戏剧之类方式进行的直接教学应该至少要等到第九年之后再进行，并且不要任何语法和书写。这本身提供了一个出色的机会，既能通过活动来学习，又能把很强的意志元素注入不断成长的思维生命当中。事实上，语言提供了一个锻炼节奏性力量和执行运动先行的黄金法则的无与伦比的领域。

但还有一个幸福的事实，那就是孩子们在外语当中可以保留在略微更低龄的状态，可以继续满足于童话故事、戏剧和寓言，而在母语学习当中这些可能已经不再适合了。如果孩子以前缺失了这些东西，那么正好可以把外语课当作再教育的机会。在来自异域的那些童谣、歌曲和故事当中，缺失的童年可以部分地得到恢复。在模仿言语-声音的时候，模仿力被重新激活，而记忆所需的活动和不断重复也可以强化意志。

第十年可以简单地开始外语的书写和阅读。例如，孩子们可以书写自己学到的一段寓言或一首诗并绘制插图展示。与此同时也实践了一些简单的语法，这对他们正在开始学习的母语语法也是有益的辅助。正是现在，他们的节奏性记忆特别强，因此孩子们可以开始背诵诸如动词的时态、词格变化和词类之类的东西。越多把这和节奏性的拍手、跺脚和走路联系起来，对孩子本身和他们的语言知识的掌握就越好。如果进行任何翻译练习的话，那么应该翻译整体的意思，而不是逐字解译。孩子自己讲得越多、越用心学习，他们就越会培养出用外语思维的习惯，而不是翻译成外语。

外语方面尤其重要的是，孩子们应该有机会以诗歌、歌唱和戏剧的形式互相展示他们最近的功课。华德福学校都有定期举办节庆和集会的习惯，这就为这种展示提供了方便，届时所有年级都要向全校师生和家长展示，内容包括他们在歌唱、音乐、音韵舞、体操、戏剧以及外语等方面所做的任何事情。最后的戏剧表演总是这些集会的重头戏。那些小孩子都带着敬畏观看着大孩子进行的复杂的表演，而大孩子也在童话故事、寓言和歌唱游戏当中复习了他们的基础知识。

从第十二年起，一个新的进展会和这个年龄发展出来的新的思维力量产生共鸣。现在适合介绍民间故事，并对那个民族和国家进行描述。这样的描述可以联系地理进行，但用法语以法国人的方式介绍法国和一种更加粘液质的语言相比是完全不同的。现在孩子们应该能够用外语重述一个简单的故事，并且写作短小的作文。他们可以了解这门语言有哪些著名作家，可以从一出喜剧当中选几幕来表演，并且把它的诗歌的形式和节奏与自己的母语对比。亚历山大诗和空洞的英语诗是多么不同啊！法国的古典戏剧与松散的伊丽莎白时期戏剧相比是多么结构完美啊。法语言语的精确性让孩子以后可以更好地理解那种差异。

外语的学习要求有节奏的重复，以便它能沉淀到习惯的领域——生命体的领域，言语实际上就是属于这个领域的。对于特别智性或内容充满想象的主题，建议留出休息的阶段，甚至遗忘的阶段。对于化学、地理、历史之类科目，如果中断一段时间的话，我们就会满怀热情地去学习。由于这个原因，那些科目在华德福学校都是分阶段学习的，这一点已经描述，但外语课遵循的是每周固定的节奏。获得技能和获得见解并扩大思维内涵的过程是不一样的。

后面各章在高中外语方面还会讲更多内容。但在这里我们一定不要忘记，现代实用主义革命丢弃了古典的语言，更偏好现代的语言。把古典语言从华德福学校教纲中排除出去绝对不是施泰纳的意图，尽管实践证明，在其他工作以及在现代条件的压力下，很难按他指示的形式恰当地开展古典语言教学。

古典语言本身存在特别的问题。没有什么新发现可言，无法以更生动的方式来讲授，只能去研磨语法，而一直以来二者就常常被联系在一起。文艺复兴时期的校长们发现了孩子们在表演方面的天赋，于是拉丁戏剧在16世纪的学校里很流行。事实上，这些校长们的确是部分地推动了戏剧方面的兴趣并且供应了儿童演员（尤其是扮演女性角色的演员），如果没有他们，就不会有环球剧场，也不会有莎士比亚。但在16、17世纪，拉丁语仍然是一种活的国际语言。学者们都用它交谈，外交文件用它书写，而各种科学著作，例如伽利略关于运动的手稿以及牛顿的《原理》，因为是用拉丁语写的，所以立即就能广泛流行。而现在它已经失去了这种生命。如果说要把一门死的语言当作活的语言来对待，那根本是胡说，而且假如认为现代儿童能够用学习现代的、无形态变化的语言的相同方式来学习一门高度形态变化的语言，那也不现实。

那么学习一门古典语言究竟有什么理由吗？最高的理由，毫无疑问，是享受天才的人们创作出来的伟大的文学著作，并且在源头上去把握西方的哲学、诗歌和科学。哎呀，那些在学校和大学阶段学过古典语言的人里面有几个实现了这个宏伟抱负呢？他们当中有几个在后面的人生当中有能力或有欲望拿出一本拉丁语或希腊语的著作当作晚间的放松或查阅的资料的？然而，假如丧失了与古典的这种联系的话，那么对西方文明来说将是一个巨大的损失。对那些天生在古典语言方面有天赋并且感兴趣的孩子们——他们不难识别——应该全力鼓励他们从事这方面的学习。但古典语言对在这方面不那么有天分的孩子们的生活难道有任何意义吗？

对任何人来说，完全脱离人类文明的一个整个领域，尤其是脱离一个像古典语言那样对西方历史具有那么巨大的影响的一个领域，都将是一个巨大的遗憾。假如即便所有孩子此后生活中有可能永远用不上数学，也应该都学一点数学原理的话，那么让他们接触一点古典语言难道不是同样的好事吗？在只能学一种古代语言的情况下，有许多原因决定了，应该跟随通常的传统，学拉丁语。主要原因包括，拉丁语一直是西方基督教的语言，而且只有通过学习拉丁语，我们才有可能重新捕获我们如今日常生活中仍然使用的那些大量的抽象的拉丁单词背后的具体图景。然而值得指出，拉丁语教学模式——延续来自文艺复兴时期——一般都完全略过了基督教和中世纪拉丁语，而后者才是最深地充满了人类的情感。然而孩子们的状态更贴近中世纪拉丁语，而不是古典拉丁语，只因为那是一种他们能理解的情感品质。他们的思维贴近普鲁登修斯的赞美诗多于贺拉斯的抒情诗。

教会的拉丁文也能激起对一个最重要的历史年代的直接体验。有可能把拉丁语当作历史和宗教体验带给学生，而不是用它来训练逻辑和严谨思维的能力，而后者恰恰被广泛当作拉丁语的优点。那种训练必须通过其他各种方式实现，但这个新的目标让拉丁语成为学校常规教纲当中合理而重要的内容。任何人如果能记得儿童时代学的一些圣弗朗西斯的歌曲，并且能唱出他创作歌曲时使用的语言的原文，或者能背诵 *Te Deum Laudamus*（《哦神啊，我们赞美你》），那个宏大的时代的忠诚、希望和智慧的壮丽的表达，那将是多么丰富生活的一件事呀？

支持拉丁语的理由有这么多，然而，尤其用这种新态度去看，事实上还是，希腊语比拉丁语要激动人心而富于想象力得多，而且它在文学方面也有更多吸引孩子们的地方。如果这两门语言经常一起学的话，那么互相之间就能实现绝好的平衡。但已经主宰了世界的正是拉丁语的品质，世界最缺乏的恰恰是希腊语的品质。因为拉丁语是关于事实和推理的语言，希腊语是关于想象和思想的语言。希腊语当时是地中海地区的通用语。假如今天那些学习拉丁文的孩子们都改学希腊语的话，那么他们思考世界的方式会发生多大的变化啊！

不论如何，五年级或六年级教纲当中都应该安排时间来学一点拉丁语或希腊语，或者两者都学，要用富于想象的方式来教。有些孩子学母语字母表的时候仅仅是把字母当作常规符号来学的，对他们来说，把希腊字母当作图画来学会是一件快乐的事情。即便对于那些跟不上语言学习的孩子，某种希腊或罗马的东西也会通过语言的声音触动到他们，这种触动是翻译所无法比拟的。这样他们就将会听到那个太初就有的话的另一种回声。

这个时期很容易发现哪些孩子对古典语言有天生的禀赋，哪些孩子（如果继续学习的话）应该对那些必要元素进行更系统化的学习。尤其在语法的领域，许多东西这些孩子需要通过节奏性学习用心记住，这种功课对儿童时代的中间几年来说是自然的事情，但在后期也会让孩子产生厌烦。如果考虑到这一点的话，那就只有把通常在太小的年龄就开始教的很多东西延后到更大一些的年龄才能有所收获。没有任何一种科目比古典语言因教学实施过早而浪费的时间更多的了。

# 第14章 实践活动

有许多原因支持年级老师跟班走，如果可能的话，一直跟到八年级。老师的根本任务是展开一幅世界的图景，并把它应用到孩子们的实际体验以及他们自身的情感和思维生命的成长当中。为了这个目的，主课模块是最佳的媒介，后者会在一段时间当中专注于一个科目，在不同模块之间的间隔时间还可用于遗忘。

然而有一些科目，它们需要有节奏的重复，而不能有很多休眠期。这些科目包括语言学，前面已经特别介绍了。但各种实践活动——手工、木工、园艺，等等——也都各自要求特别的规律性，即便它们受到季节以及教室和老师等方面的条件限制也是如此，尤其是孩子们年龄更大的时候。

主班老师有可能负责，也有可能不负责这些科目的教学。假如一个人能把所有这些课程都带起来的话那就太出色了，如有可能的话，孩子们应该全天都跟着这同一位老师上课，这是非常有益的。然而，有可能这些课程需要多位老师来带，如果这样的话，就应该一定程度地考虑负责安排他们的课程的主班老师是男老师还是女老师。因为自然地，主班老师两种性别都有可能。如果认为男孩子们没有男老师带就会失控，那是错误的。当纪律最终不得不取决于物理力量的时候，可能会出现这种情况。但如果它来自长期的个人关系，来自对知识和能力的尊重，那么女老师常常比男老师更善于约束难驾驭的班级。无论如何，对男女合校教育来说，男女老师搭配也是自然而然的事情。

在课程安排方面，华德福学校的目的是让每一天都反映出人的图景。如果我们把第一节课，那节主课，看作主要诉诸思维（但这是浸透了情感和意志的思维），那么经过必要的休息之后就应该是节奏性的科目。上午最后一项内容或下午的内容就是实践活动或游戏，这些都是锻炼四肢的内容。这样，一天当中，头、心和四肢的正确顺序就建立起来了。假如孩子们希望晚上回家后再继续完成一些学习任务的话，那么他们也完全值得鼓励，但常规的家庭作业完全可以等到第十二年再开始。即便那时，也要竭尽全力地确保这些作业带有艺术性。没有任何事情比孩子们上床睡觉之前因各种智性问题而让头脑充满担心焦虑更糟糕的事情了。并且如有可能的话，家庭作业应该有一定的个性化特征，或者至少要符合孩子的气质。假如孩子们能够把多样化的作业带到学校并贡献给某个共同的整体的话，那就既会更加有趣，又有助于培养社会意识，这样就不像单一的任务那样需要批改，看看谁对谁错了。

主班老师和专科老师，比如带实践活动的老师之间应该有一种自然的密切合作。这些不应出于自身的原因而独立组织，而是应该联系到教纲的整体来安排。老师也应该认识到，自己不是在教某种特殊的技能，反之，在成长中，现在教的东西将来会转化成不同的品质。

例如，几乎一从幼儿园升入学校，男孩和女孩就都要学习编织。这是对手指技能的良好训练，但它的意义远远不止于此。编织所要求的那种用手指进行的节奏性思维会随着孩子的成长而成长，当他们长大成人之后，他们的思维也会更中肯、更和谐，因为这个孩子在独立思维第一次诞生的时候就练习了这种技能。[1]或者再举一个例子，孩子们很快就要缝制、绣制简单的物件，例如包、垫子罩、六孔竖笛的袋子、书皮，等等。从他们最开始设计装饰这些物件的时候起，他们就应该明白，设计总是要表达功能。书要从一面翻，并且必须朝上持握。书皮的设计就应该能够明白地表明这一点，好让任何人看到那本书放在桌子上，都能本能地按正确的方向把它拿起来。包只在上面开口。假如用多种颜色来做包的话，那么最深的颜色应该在底下，最浅的在上面开口的地方。这些东西不仅仅是本身很重要，而且它们也含有面向未来的种子。我们的建筑有多少要么设计得牵强附会，完全与用途无关，要么纯粹只考虑功能而不含任何艺术形式。能从应用的精神意图当中提炼出形状之美的现代建筑是多么寥寥无几呀。伟大的精神运动总是能产生出新的、特征性的建筑形状。恐怕某种新的精神冲动诞生的最肯定的标志就是新的、有生命的建筑了。[2]

再回到针线活的主题，当孩子们学习外国的内容的时候，可以让他们制作许多穿着民族服装的娃娃，这是一件精致的事情。当他们专心研究动物的时候，每个孩子可以制作一个填充动物，而观察不同孩子都选择了什么动物是一件非常有趣的事。这些娃娃和动物的集锦可以全都送给幼儿园，或者由孩子自己送给家里的弟弟妹妹。应该鼓励孩子们制作生日和圣诞礼物，而不是花父母的钱去购买，一种很容易的方案。

第十二年之后，跟随整体教纲的进展，需要学一些基本技术技能。最好让学生们制作一件衣服，男孩们可以制作衬衫，女孩们可以制作女衬衫。男孩们会发现普普通通一件衬衫是多么复杂，这对他们特别好。他们做过一件之后，就会对自己的衬衫越发尊重。所有孩子不论男女都应该学习缝补，并且做一些洗衣和熨烫的工作，即便他们在此后的生活中永远都不会实践这些艺术（尽管许多会的），也最好能理解日常生活当中必需的这些过程。但即便在最实用的事物当中，仍然应该强调艺术性。儿童时代应该恢复伟大的手工艺时代的精神，那时每件日常用具都绽放着美的形状。

直到这第十二年，孩子才能充分控制四肢和手指，可以从事真正的木工和园艺。当然了，以前他们可能已经玩过那些工具，并且敲过一些简单的东西出来。而现在他们开始感受到自己的骨骼，如上文所述，这些活动的性质就完全不同了。他们现在可以准确地、有技巧地运用这些工具了。不用说，在华德福学校里，严肃的手工课最初是以艺术而不是技术的方式进行的。

其他学校的大部分木工课都从技术性事务开始，比如制作各种连接、准确的测量和纸上的设计图。在适宜的时间和地点，这些都是重要的，但如果采用艺术性的方式的话，那么选用的主题就应该能提供多种塑造可能性。假如你要做一个箱子，那么每个面的构思都是扁平的，只有当所有部分组装起来之后，它才具有三维形象。而反之，如果你取一块木头，使用凿子和锉，把它雕刻成碗、小船、门把或烛台，那么你从一开始就是在进行三维的思维和工作，那么不论对那种物质，还是对你创造的那个形状的体验都会和箱子的情况大不一样。

最好让孩子们从雕刻对称形状开始。木勺，碗，铲子或小船，这些都是适合的物件，但勺子可能是最容易的。许多孩子开始的时候雄心勃勃地想要做一把汤勺，但几经修正之后，它会缩减为一把盐匙。因为制作对称的物体是对思维和判断的锻炼。看着一个孩子举着自己的勺子或碗，挑剔地评估着它的对称性，那感觉很像是听着一个法官在权衡一起案件的正反两方面。正是那些更为梦幻的孩子，他们的思维尚未觉醒，因此这种对称练习对他们来说最困难，但也因此对他们最有好处。

那样的练习之后，可以过渡到雕刻自由形状，在这方面需要的是平衡而不是对称。在这个过程中，他们应该认识到，某个物件的形状应该由它的位置和用途来决定。设计用来放在壁炉台上的烛台与空间之间有一种关系；而一个预期放在桌子中间的烛台与空间之间则是另一种关系。前者的设计应该反映出，它是用来仅朝一个方向布光的；后者应该对所有方向同等开放。我们看到在编织和针织中指导色彩设计的恰恰是相同的原则。

另一个健康而富于艺术性的木工形式是制作可动玩具，尤其是假如他们有弟弟妹妹的话，可以把制成的玩具送给他们玩耍。这是把想象的魅力带到家里的一种方式，家里给小孩子准备的玩具常常充斥着丑陋和现实主义。许多这样的玩具都会运用轮盘和杠杆的机械原理，而孩子们此时恰恰正在学习这些内容。或许孩子们可以通过团队合作的方式为低年级的某个班制作一只摇摇船或一间玩具房子。在个体作业和团队作业之间总要实现良好的平衡。

系统的园艺学习可以差不多和木工同时开始，这方面自然也是，孩子们从很小的时候起，在家和在学校就已经有过播种和照顾植物的经验了。但六年级应该尽可能拥有独立的园子，让孩子们在园艺工作中能够学习花卉和蔬菜的种植艺术。如果学校在乡下，并且拥有农场，那么还有农场工作的机会，并且特别能在农场和园艺之间建立起真正的联系。城市人都太脱离土壤了，不仅要让城镇儿童喜爱种植，而且要让他们获得这方面的实践知识，这对他们是非常重要的。作为社会化任务，没有比园艺工作更好的了。

许多艺术活动在其他学校里都是单独开课的，例如彩绘和泥塑，而在华德福学校里都结合到主班老师的工作领域当中。在通过想象方式理解世界方面，它们具有那么核心的意义，以至于它们不能也不应该和主课脱离开。高中以后，这些科目也会需要专业老师。但在这个较低的年龄阶段，主班老师会通过培养和教育孩子们对色彩的热爱来为今后的艺术学习做好准备。在华德福学校里，这些孩子们的彩绘图画的主导印象是清晰而流淌的颜色。形状是后面才出来的，它是从各种色彩的互动中诞生出来的。

华德福音乐教育不能脱离音韵舞，后面有专门一章讨论。这也是主班老师多半无法提供的项目之一。但主班老师始终需要知道孩子们在这些其他的课上都在做什么，并且常常需要去观察他们的技能和他们的行为。老师如果能够在另一位老师的课上观察自己的孩子们，那么他就能了解到许多关于他们的情况。如果在不熟悉这些孩子的课上出现了纪律问题，那么必须是主班老师负责找到原因并给出解决方案。他是个天然的顾问，不仅对孩子们，而且对其他老师也是一样。

注：

① 作者认识的最富有活力的思想家之一，他热心地校阅了本书稿，他写道，他七岁的时候卧病在床很长时间，其间编织就是他持续的工作。

② 歌德大殿，当时由鲁道夫·施泰纳在瑞士建造，作为精神科学的中央学校，他的构思和建造都是以可塑性的方式进行的，在现代建筑当中是独一无二的。

# 第15章 音韵舞和音乐

为了避免混淆，首先需要声明，音韵舞（eurythmy）是鲁道夫·施泰纳开创的一种运动艺术，它和雅克·达尔库罗兹的艺术体操（eurythmics）没有什么关系。不幸的是二者的名称存在混淆，这是因为当施泰纳推出音韵舞这个名称的时候，艺术体操这个名称在欧洲还没有用起来（尽管在别处有用起来）。这两种运动艺术（正像它们的名称暗示的那样）都把节奏作为本质基础。除此之外，二者的灵感来源和特征完全不同。

施泰纳本人总是强调音韵舞三方面的意义——艺术性、教育性和疗愈性——这可能是因为，它最直接、最实践地表达了他的哲学的核心，那就是，人的个体本质上是由精神力量创造的，而不是由物理力量创造的。他比其他任何哲学家都更强调那条基督教理念并对它进行了讲解，即，世界是由言语创造的，这出现在约翰福音的开篇："那言语，凡所造的，没有一件不是借它所造的。"他于是在音乐和言语的领域里对声音的世界进行了一项特殊的研究——这两个领域仍保留着声音的创造性和塑形性力量的最后回声。

音韵舞与其他运动形式之间最明显的区别就在于对言语和音乐的表达力。对施泰纳来说，语言不是一种约定俗成的符号系统，像许多现代人类学家认为的那样。最先说出的词语不是原始的咕噜声的改良。在早期的昏暗的意识状态当中，当人看见一棵树或一只动物或一朵花的时候，那个形象会在他里面唤醒一种相应的运动。有时这种运动可以用一种姿态表达出来；但因为人类喉咙的构造方式，它能够让人用纯声音来做出各种姿态。这些声音的姿态正是语言的基础。《创世记》中描绘了语言的这种诞生过程的完美图景，神把所有生物带到亚当面前，"亚当叫它什么，那就成了它的名称"。

我们当前的各种语言都是那种天真的处女言语的遥远的后代。它们都已经硬化成了传统规矩，并且丧失了它们的可塑活力。很显然，人的个人智力的发展水平越高，他就越无法掌握多变的曲折语言。因纽特人生活在远北地区的前工业化社会，他们说的是一种复杂得多的语言，词汇量比现代办公室电话沟通或收音机叽里呱啦的播音当中用到的词汇量丰富得多。即便是细微的思想区别都能表现，例如关于实况的陈述句（"它是好的"）和问题型虚拟（"假如它是很好"）之间的区别，这在西方言语中已经不再表达了。

尽管我们的现代语言已经变得僵化而传统，然而单是诗歌就足以证明，它们还没有丧失所有的原初创造力，而人类的耳朵也还没有变得完全迟钝，听不到创造和激发意义的那些重要声音。在诗歌当中，意义和声音仍然是合一的。通常都无法把诗歌从一种语言翻译成另一种语言。当声音变了，意义就没了。语言多样性的美就在于，每种语言都表达了一种个性化的关系，不仅是与总体生活之间的关系，而且是与日常事物之间的关系。对法国人、德国人和英国人来说，树不是同一种东西。不同名称的声音会让那个体验变得不同。

音韵舞当作基础的恰恰是这种声音的意义。在言语当中，每种声音都具有一种特征性的姿态，它必须由喉咙的特殊的运动来完成，并且通常不会深入身体更深的地方。然而，出于本能，人们倾向于用姿态来伴随言语——这种倾向在孩子们和无拘束的人身上是那么强烈。音韵舞是这种与纯声音相关联的姿态的有意识的扩展。

对有些声音来说，尤其是元音，它们激发出来的情态和图景的巨大区别很容易感知，并且很容易发展成运动。"O"这个声音会让我们感到某种包含的力量，某种把持、封装和包裹的东西。而"Ah"这个声音则会让我们从自己里面出来到遥远的空间里去。这是我们用来表达神奇赞叹的声音，比如我们为遥远的星星的美丽而感动的情况。因此，在音韵舞当中，"O"的形状就是做一个圆，通常用全部手臂来做。"Ah"的动作是打开双臂向外伸展，就好像要够到遥远的空间里一样，一位印度天文学家曾经对西方同行说了一句让后者感到神奇的话——"有时我会伸手去摸一颗星星。"这个声音表达的正是这种情态。

辅音的效果更为外在、更为图景化："rrr"里有一种滚卷的运动，

"fff"里有一种飞射,"ggg"里有一种冲刺,"ttt"里有一种决定性的姿态,等等。语言中的元音计我们感到的是内在的品质,而辅音则更多是对外在事物进行描述。正是因为这个原因,在早期的书写中,因为文字仍然和图景联系在一起,所以就只写辅音,而元音则由读者按照自己的直觉来填补。因此在音韵舞当中,辅音的动作更具有图景的特征。有些情况下甚至直接被用来模仿(就像哑剧表演那样)给定词语实际指代的对象,例如代表"Tin tree"(锡树)的声音的手臂弯曲、手指接触头顶的动作。然而在这个情况下,那种相似性不是由于外在的模仿,而是由于那相同的、声音的创造力量在那个对象和那个词当中同时明显可见。

这些都是最显然的因素。要想象施泰纳那样生动地掌握声音的形状和特征是需要长时间的严格修炼的。我们将会看到,一方面,音韵舞在唤醒意志元素方面拥有哪些可能性,先是在言语当中,然后在思维当中;而另一方面,通过把言语意识带入身体运动的领域,可以对言语意识进行强化。

音乐的声音的创造力和塑形力一点都不比言语的声音逊色。如果说建筑是凝固的音乐,那么人体的建筑就可以称为活的音乐。即便身体当中最僵硬的部位,骨骼,都是一部和声、数字和比例的交响乐。简单音阶里的各个音程可以产生出和纯言语声音一样丰富的情感。二度音程像是走入世界的第一步。我们会感到我们不可能停留在它把我们带到的那个点上。它必定要引导我们到别处去。对比一下四度的尝试性的、肯定性的情态。难怪亨德尔会为"我知我的救主活着"这句歌词里面的"我知"选择四度。一个现代作曲家(正如一位英格兰音乐家曾经说过的)可能会轻易地为这两个词选择七度,但我们听到后立即就能肯定,他是个不可知论者,他根本不知道!因为在所有音程当中,七度会最强烈地创造出分崩离析的感觉。七度的反复重复或保持几乎是令人无法忍受的。当它解决为满怀信心的八度的时候,实在让人的物质身体都能感到放松。感到自己被无形的力量折磨或撕扯得支离破碎之后,我们终于能够重新喘口气了。

要想让施泰纳揭示的人体的音乐性变得真实,没有别的方法,只有通过音韵舞的实践。例如，手臂是音阶当中各种音程的一种可见的表达。把你所有的意识专注于音阶的体验，并让它带动你的手臂。二度音程会从肩膀带出第一个试探性的动作。这个感觉在上臂里面。三度达到前臂，在这里，尺骨和桡骨这两块骨骼给它带来了大得多的、可塑的、灵活的可能性，让它和上臂产生了巨大的区别。在这里，我们可以把手臂更多地向内翻转，这是小音程的体验，或向外翻转，这是大三度的体验。这样，我们一直进行到七度，它仿佛要把我们的手指尖都撕开。八度让我们又回到根据地，然而它的潜能高于起初的主音，带着整个手臂形状的体验。我们发现音阶是向空间里的前进，并且，就像投影几何里面那样，最远的距离其实离家最近。

所以即便在音乐的领域，音韵舞的基础也是那么不同，它作为一门艺术的意义是舞蹈或哑剧所无法比拟的。舞蹈当中，有适宜的动作伴随着音乐的节奏，但它们并不跟随或表达旋律的形状。在哑剧当中，姿态表达的是故事所激发出来的情感和冲动。这两样都不是音韵舞做的事情。它比舞蹈更微妙，比哑剧更客观，因为它在运动中表达了旋律的实际的抑扬顿挫、构成诗歌的实际的声音。像所有真正的艺术一样，它创造了它遵循的法则。

我们在这里关心的是音韵舞的教育价值，而不关心它的直接艺术目的，尽管二者是相关的。孩子对它的学习必须分阶段逐步进行。对小孩子来说，不应让他们对自己的动作太有意识。某些舞蹈学校为了把小女孩培养成卓越的芭蕾舞蹈家而对动作精确要求，以及所有那些绝活的训练都应受到强烈反对。

已经观察到，这甚至会造成以后的思维迟钝。在幼儿园和一年级，所有动作仍然都是来自模仿，孩子们会本能地模仿老师的动作——有的模仿得像，有的模仿得不那么像。但音韵舞已经可以作为其他课的帮手。因为这个年龄的童话和寓言都可以融入它的运动生命当中。昨天的童话里面不是有一只绝妙的鱼，还有一座海边的高塔吗？音韵舞里"F"音的动作就极适于表现欢快飞射的鱼,"T"音的动作就适合表现那坚固不动的塔。上周的寓言里不是有狮子轻快地越过篱笆的情节吗?"L"音的动作就能让我们感到狮子的运动,仿佛我们就是狮子一样。

假如我们要用这种音韵舞来表演一个小故事的话,那么音乐也必须加入进来。孩子们会开始感受到不同节奏的品质——或许用轻松的短短长格来表达王子骑马跑过森林的情节,用长短格来表达公主晚间在同一片森林里迷路、思念着再也看不见的家的情节,用强强格来表达妖怪完成一天的抢劫之后迈着沉重的脚步回家的情节。图景,节奏以及情感——当这些方面在运动中得到了合一的实现,教育就开始了。

几何学的基础也恰恰是在音韵舞课上打下的。孩子们会跟着不同节奏的音乐走出或跑出各种形状,正方形,五边形,八字形,圆,等等。这样,他们就会"在骨头里感觉到"这些形状,而不仅仅是在脑袋里装着它们。这也是一种社会化练习。如果许多孩子同时走五边形的形状——可能让五个孩子来走五个边,另外再安排五个孩子来走里面的五角星——这样的话,每个孩子都必须在正确的时间出现在正确的位置上,否则就会造成困惑。有一些音韵舞练习伴随着美妙的言语,例如"我们相互寻找",这些都是经过特殊设计,用来通过运动唤醒一种社会感觉的。毫无疑问,那些传统的广场舞、乡村舞、歌唱游戏等类似的东西都本能地发挥了同样的功能。

随着孩子们长大,可以引入更复杂的节奏和运动。可以用脚打出节拍,同时用手拍旋律,然后再反过来。还有短杆练习,这种练习有自己的节奏,要想做对,就必须精确把握动作的时间,否则你自己的杆就会和旁边的人的杆相撞。这些练习都是为了锻炼对身体的控制,并培养专注力。不论孩子还是成年人,在初学的时候都会很笨拙,即便是具备运动特长并且富于游戏技能的人也不例外,这是很有教育意义的。

那些典型的故事和传说是主课的必需内容,它们继续为音韵舞课提供着宝贵的材料,而反过来,音韵舞的运动又丰富了主课当中这些更为智性的内容。三年级，当孩子们学习旧约故事的时候，可以带着深深的虔敬把《创世记》第一章里上帝的所有那些伟大的创作用音韵舞动作表现出来：光和暗，太阳、月亮和星星，上面的水和下面的水，树和草，巨大的鲸鱼和长翅膀的飞禽，没有比这更适宜、更神奇的体验了。或者让他们表演亚当命名所有地上的动物的情节也很好。

四年级重点是北欧神话，五年级是希腊神话，二者展现了北方和南方之间在基本诗歌节奏方面的巨大差异。北方的头韵体节拍蕴含着深沉的意志，对孩子来说是非常鼓舞的体验，因为它们会在运动中强调重复的声音，甚至是一些盎格鲁-萨克逊的原始声音。而六步格的节拍，相比之下，则是特别和谐，是所有节奏当中最和谐的一种。某种意义上它的名称"六步格"有些误导，因为它除了六个发音的韵脚之外还有两个无声的韵脚，在第三个韵脚中间无一例外都有中断，并且每行末尾有停顿。四拍最后带一个无声的呼吸，然后又是四拍带一个无声的呼吸——这是六步格的节奏。这也是呼吸和心跳之间的节奏——心脏每跳四次呼吸进行一次。想象一位希腊诗人，莱雅琴抱在胸前，他呼出气息唱出歌声，我们几乎能看到那六步格从人的生命的中心节奏中被创造出来的过程。

因此，要把六步格的节奏一直注入四肢的运动当中，这种体验不仅具有教育意义，而且也能促进健康。此外，特别因为六步格的数量值——长、短音节之间的对比，不是像英语诗歌那样以重音和非重音音节之间的对比为基础——造成英语很难真正地再现六步格节奏，没有比实际学习荷马的一些诗文原句更好的了。可以笼统地解释一下整体的意思，即便其中一些希腊语元素孩子们还没有学到。不懂六步格，你就不能说你懂古希腊语，而懂这种节奏不仅仅意味着在你的头脑里学会它的法则。

音韵舞的许多运动可能和那些希腊合唱舞蹈有着同一种基础，在那些花瓶上的雕塑中和浅浮雕中都能找到后者的例子。有些音韵舞练习，例如庄严肃穆的问候辞 Evoe，就特别适合孩子们在学习希腊神话与历史的时候来做。

第十二年当中，孩子们会经历重要的转变，他们的各种力量会进入骨骼当中，青春期的智性力量的预兆也显现出来，此时音韵舞也要相应发展，以便满足这种变化的需要，并对其进行引导。孩子现在应该培养出对四肢的更好的控制能力，因此要引入短杆练习，这要求更高的动作精度。另一方面，孩子的思维能力也已经实现飞跃，所以在言语、语法方面要强调更多智性的元素。在抽象的语法规则背后存在着体验的现实：我们会感受到，主动动词与被动动词不同，现在时与将来时或过去时不同，陈述语气和虚拟语气不同，抽象名词与具体名词不同。任何地方如果有情感或体验的区别，那种区别在音韵舞里就会造成运动的区别。倒退行走要求的意识活动比向前行走多得多；沿曲线运动和沿直线运动不一样，走向左方和走向右方不一样。运动当中的这些区别被用来标示言语的各种基本形状。对那些觉得语法困难的孩子来说，运动常常是实现理解的唤醒者；对于那些学语法很容易的孩子来说，运动会赋予它新的实际；对所有人来说，它都是一种完整的体验，它能说明索尔兹伯里——中世纪那位伟大的语法学家——所说的话的重要意义，他说，如果没有语法，人就无法真正健康。

　　这个年龄的孩子开始全面掌握自己的身体，甚至深入到骨骼，此时应该运用音乐音韵舞，就像一个现代的安菲昂，来帮助这个建造过程。因为身体的完成意味着一个新的小宇宙被创造出来，它反映了十二星座的力量，以及七大行星的力量。在音乐中，这就是全音阶的体验，而全音阶恰恰是由七个基本音和五个变音构成，加起来总共是十二个音，而这不是没有原因的。因此现在音韵舞当中就引入了全音阶。孩子们应该开始用包含所有各种音程的简单音乐来表演音韵舞。在这个年级当中——事实上所有年级都一样——最好是一部分孩子演奏长笛、小提琴和大提琴，其余的孩子表演音韵舞。

　　七、八年级，所有这些练习会继续进行。现在会特别强调调式的对比。情歌是绝好的材料，其中有快速的、动态的运动，有幽默和悲伤。它们还含有许多情感，包括希望、神奇赞叹和惊讶，而七年级的语法课正是要通过这些东西来吸引孩子们的注意力。

如果主班老师和音韵舞老师的合作很密切的话，那么音韵舞的效果还会更好。前者如果经常观摩音韵舞课并观察他的学生们的运动的话，就能从中了解到许多情况。可以针对班上的新问题和情态来设计特别的练习，可以把合适的诗歌和音乐做在一起，某些方面存在个人问题的孩子可以在一个情歌或练习中表演一个特别的角色。如果音韵舞老师对孩子们学习的主课的内容也像主班老师对音韵舞课的内容那样感兴趣的话，那么孩子们就能在思维和意志的和谐当中茁壮成长。

到高中年龄，男孩们先会偏好要求技能和灵活性的练习，而女孩在通过运动表达各种情感方面则擅长得多。因此就要求更明显的分化。但音韵舞仍然是主课的帮手。在九、十年级，比如说，它会反映并强化文学课的很多内容。可以设计不同节奏和诗节形式的运动。可以表达一首诗的特征和情态——体贴的、情绪激动的、鼓舞人心的、哀挽的，等等等等。有的诗歌表现太阳神式的古典美，有的表现酒神式的狂欢。事实上，十年级学习的所有诗歌艺术都可以用音韵舞来预备、展示和巩固。

音乐方面从旋律发展到和声。不同和弦的效果那么不同，它们都要求不同的运动。孩子们如今在感受音乐的旋律的同时，还应该感受它的和声结构。十一年级会专门学习音乐史，和声在其中占据着重要的地位。一位作曲家会因为自己的和声特征而著名。而音韵舞也会巩固这项专门学习的内容。

在上述两个年级当中，可以做一些真正的艺术工作，这些艺术工作很大程度上取决于孩子、老师和学校的情况。假如能以社会化的方式学习音韵舞，比如表演某出戏剧里面有自然精灵，例如弥尔顿的《科马斯》或《仲夏夜之梦》，或者为某出希腊戏剧表演合唱，或为季节性节日庆典表演。

现代生活最缺乏的就是节奏——而在当今艺术中，这种缺乏太明显了。整个华德福教育都是建立在节奏的基础上的，因此在这样的时代可以说具有疗愈作用。而毫无疑问，这种节奏教育是有一个中心的。那就是音韵舞。

　　＊　＊　＊

　　如今在所有好学校里，快乐的歌唱课都是一个重要特色，各种合唱团和乐队都已达到了惊人的水平。①华德福学校在这方面当然也不会落后。事实上，斯图加特的第一所华德福学校在若干实践方面都是先锋，正是在华德福的带动下，这些实践后来才普及开来，但是对音乐教育做出最神奇的贡献的恰恰是音韵舞。音乐方面总的理想是让孩子们既能演奏一种乐器又能阅读轮唱或无伴奏歌曲的一个声部，就像据信我们伊丽莎白时代的祖先们所能做到的那样。

　　低年级的歌曲要尽可能简单、旋律要尽可能优美。小调旋律特别内向，四年级之前不应引入，但是从三年级开始，孩子们就应该练习创作 C 大调的乐曲了。每堂音乐课上也应该听一听音乐，并且，假如每个孩子从一年级起就开始演奏六孔笛或竖笛，那么很快就可以用管乐给人声伴奏了，最开始是单音齐奏，之后可以轮奏或分声部演奏。

　　六孔笛演奏可以很好地反映出孩子的音乐能力，而且可以帮助决定是否学习某种管弦乐器。因为，除非孩子在钢琴方面表现出卓越的能力，否则学习管弦乐器更有好处，因为它提供了很多机会让孩子可以和别人一起合作音乐。选择乐器的时候最好能考虑到孩子的气质。②许多孩子灰心、厌恶基本功练习的原因是因为所选的乐器不适合他们。

　　假如三年级或四年级开始学习各种乐器的话，那么八年级就应该能够发展出一个小型乐队，可以在歌唱当中给各个声部伴奏，届时分声部演奏的能力也已成熟。学校的主乐队和主合唱团在各个节日庆典当中的作用是无法估量的，尽管它们的中坚成员总是在离开，新成员总是需要不断补充。因此低年级或各班级的乐队和合唱团不仅具有本身的价值，而且还是面向未来的训练场。要想保持校乐队的力量持续平衡，就需要长远的眼光。

　　高中教纲包括一段特别的音乐鉴赏课。当然，此前孩子们早已熟悉了许多作曲家，并且有很多机会听各种音乐。在这个时代，家家都有收音机在播放音乐，这种情况下一定要让孩子们经常有机会聆听真实乐器的实况演奏。在演出前解释作品的传统做法——就好像非此孩子们就不会感兴趣一样——应当避免。他们会在正确的时间和地点学到音乐的形式、主题和发展、各种乐器的应用，等等。但所有这些都会给真正的音乐体验蒙上一层智性的面纱。在对艺术著作的纯粹享受当中应该忘掉解剖和分析。可以在一周前给孩子讲解他们将要聆听的作品。而在真正的音乐会上，就应该让音乐自己去讲，而且更多地是讲给心，而不是讲给头。

在有的学校里，音乐只不过是个有益的副科或放松，和主科教学没有关系，这样就损失了巨大的机会。在华德福学校，音乐既是学习科目，也是一种渗透方方面面的品质。它以现代的形式和精神回响着柏拉图在《理想国》里说的话："我们认为音乐教育至为重要，因为节奏与和声会最深地渗入魂的每一个遥远角落，并用最强的力量抓住精神，在它们的训练当中带来优雅，如果一个人得到正确的而不是错误的滋养，那么他就会变得优雅。"柏拉图提到的优雅并不仅仅关系到美学：它是推理和道德的基础。它追求自然和精神里的和谐。这正是华德福教育追求的，这才叫真正的音乐教育。

注：

① 本书写作于 20 世纪 50 年代的英国，哈伍德当时无法预见到如今那么多的美国学区为了削减预算都实际上取消了音乐课。另一方面，在委内瑞拉，受人欢迎的校外全国青年管弦乐队与合唱团计划却对街头儿童、监禁的黑帮成员和主流学生们产生了巨大的正面影响。

——编者注

② 参见第 16 章"气质"。

# 第16章 气　质

施泰纳喜欢把自己的精神研究成果嫁接到已有的任何有价值的知识形式的树干上去。在这个过程中他不会造成任何困惑，但却会把过去的丰富内容转化成现代的知觉形式，并且完全避免了那种狂妄的观点，认为知识是伴随着现代自然科学和心理学的诞生才开始的。他用到的术语也证明了他和过去的联系。在科学只允许用心理学来描述的领域，他谈到了精神；而当他在命运的安排下一度接触了那些盎格鲁-印度神智学者的时候，他就从古印度智慧中采纳了许多术语供自己使用。

因此，在处理关于个人和整个人类的类型问题的时候，他就联系了希腊和中世纪时代对气质的传统分类方法。

总的来说，现代心理学家认为这种分类方法是天真的，从而代之以更细致的划分。事实上，几乎把人划分成任何数量的心理类型都是有可能的。但是如果太多、太细微了，那么就失去了实用价值。气质关心的是较广泛的区别。

总的来说，心理类型划分的基础是一个人用来对世界做出思维的和情绪的响应的能力。于是荣格就提出了四种类型，他们典型地分别通过思维、情感、感官或直觉来表达。但详细研究这些类型当中的每一种，他又发现都有外向和内向的重叠。因为任何一种上述能力，你都同等地既可以导向外在世界也可以导向你的思维的内在世界。在这种根据"使用方式"的划分当中，荣格就得出了那种最接近施泰纳的气质原理的基本区别，一种深入人的存在里面的区别。乔治·梅瑞狄斯曾经坚称，任何你不能关于它写一首诗的东西都不是真实的。他的意思是说，任何东西如果不是深深地扎根在诗歌产生出来的地方——也就是自然和人的天性中的话，就都不是真实的。很难想象你可以写一首关于外向感官心理类型的诗。但是要想象一首关于气质的诗却并不难。约翰·弥尔顿就写了两首那样的诗，关于多血质的人和抑郁质的人会希望如何度过自己的一天。这两首诗的名字叫《快乐》和《哀愁》，而且很难想象比它们更纯粹的诗了。

四种气质一直被认为有一种非常确定的心理学基础。事实上，气质被称为一种"体液",这一点让我们可以直接联系到希腊和中世纪医学的核心,它们都是那么关心身体里的各种液体过程。各种气质的名称本身就来自液体——血液,粘液,或胆汁——这些都既是它们的物理的表达又是它们的原因。这样,在生理学和心理学之间就不再有任何障碍。

施泰纳没有详细跟踪中世纪的生理学或心理学。相反地,他总是坚持,过去几个世纪当中精神和身体之间的关系发生了改变。但是他完全认同那种观念,认为气质的基础在于生理,这也说明了身体与精神之间亲密的相互关系。

这样一来气质就不仅仅是心理,它也渗透到身体构成当中。它可以反映到体型、步态和肤色当中;它会影响健康和疾病;它会区分不同民族和不同个人;它反映出年龄的差异。

本书讨论的是教育,全面探讨气质的基础超越了本书的范围,但同时又必须对它做足够的介绍,讲清楚为什么是四种而不是三种或七种气质。它同时也能帮助我们理解为什么施泰纳把它们看得那么重要。因为气质是人的个体与人的一般性之间的中介。从施泰纳的观点来看,只有后者是确切地属于遗传领域的。我们从父母那里得到的是人类的特征,它呈现为某个特定种族或家族的实例,尽管已经指出,家族的相似性尤其常常是模仿的结果。但个体的精神会进入遗传的领域,它在出生之前就存在,并且死后仍将继续存在。气质就和这种遗传的原则及个体的原则之间的特定的调整模式有关。那么为什么它是四元的呢?要想回答这个问题,就必须把本书当中从头到尾都隐含着的那种人类的四元特性明确地阐述清楚。

我们从父母那里遗传到的不仅仅是我们的物质身体——物质身体本身只不过是我们里面的矿物元素——而且还包括渗透其中的各种生命力,要是没有生命力的话,那个物质身体就会分解掉,就像死后尸体被分解掉一样。因此,我们从父母那里遗传到两个东西,一个是纯物质身体,而另一个,因为没有更好的术语,我们就称它为生命-体。总的来说,父亲在前者当中、母亲在后者当中发挥着更重要的作用,正因为如此,所以小孩会和两个父母都特别像，不论他们两个有多大的区别。

而在个体这个方面我们也必须认识到两个原则，它们会和父母创造的胚胎联合起来，这个胚胎最初只有物质体和生命体。我们已经区分了意识和自我意识，二者的差异标志了人和动物之间的绝对区别，我们称之为"意识-体"和"自我"。后者不能脱离前者而存在，但前者，尽管通过进驻到一个特别的身体当中从而实现了个体化（就像动物的情况），但它仍然还不具有个性。二者都不是有机体的各种生命过程所必需的。事实上，它们越少入住进来，生物体的康复和存活能力就越强，就像低级动物生命形式一样。睡眠过程中它们会离开机体，后者在它们不在的情况下就能更好地修复身体的损耗。但在清醒的生命当中，意识-体和自我必须整合到物质和生命-体里面，后两者是遗传赋予的一般化的礼物。①在生命中从来都没有绝对的平衡，而实际情况当中，这些不同的原则或"体"当中总会有一个或另一个占主导地位，强于其他的体。而气质正是由这种主导性决定的，而因为有四个这样的原则，所以也自然会有四种气质。②

简单地说，假如一个人最里面的核心，他的自我，优先于其他原则，那么他就是胆汁质的，富于能量并且不屈不挠。如果"意识体"优先于其他原则并且脱离了自我的强大控制，就总是会意识到不断变化的感觉印象或漫无目的的各种想法。这样的人会对许多事物都有强烈兴趣，但是这种兴趣会是浅薄而多变的，他们就是多血质的。假如对这个人来说，只有各种生命过程才是重要的，这些生命过程会带来舒适满足，像刚刚享用了美味的饭菜之后的那种感觉，如果一个人的典型生活情态是这样的，并且除了那些有益于个人舒适健康的事物之外，不会对周围世界当中的任何东西产生鲜明的或持久的兴趣，那么这个人就是粘液质的。如果物质身体的权重高于所有其他原则，以至于自我必须不断地克服——或者不能成功克服——那种在够向外部世界的过程中遇到的某种沉重和阻力，并且从而被驱赶回来，那么就会造成抑郁质的气质。

每种气质都有某种特殊的美德，但如果任何一种气质太强烈地掌握了个性的话，那么就可能造成危险的失衡。所有气质都既有小危险，也有大危险。胆汁质的孩子最糟糕的危险就是愤怒和情绪发作，很多小孩都会这样，但这些爆发可能退变成实际的疯狂。多血质的多变可能会陷入精神错乱。粘液质表现出来的缺乏兴趣可能会成为一种空虚的痴呆。抑郁质的抑郁情态可能产生错觉，例如被迫害妄想症。我们的精神病院都住满了气质发展过度的人。

任何人如果曾经和一群经常醉酒的人在一起就会发现，当一个人喝醉的时候，他的气质会多么突出地表现出来。这个人会醉酒打架；那个会情感脆弱，哭哭啼啼；第三个人会滑稽搞笑；第四个人会目光茫然，浑身湿透。在军队圈子里有个古老传统，那就是只有见过一个人喝醉的样子之后，才算真正了解他。由于醉酒会呈现出气质，所以这个传统有一定的道理。

考虑到如今有那么多的人都在花很大精力和精神疾病做斗争，而他们当中很多情况就是气质退变造成的，那么我们就知道儿童时代对待气质的方式有多重要了，我们要让孩子们长大成人之后能够成为自己的气质的主人而不是奴隶。方式只有一种。气质鲜明的孩子必须被允许完全掌控自己的气质并把它表达出来。如果强迫孩子用和自己的气质相反的方式来行为的话，那只能让他陷得更深。

如果我们对每种气质都做一个理想的描述的话，那么一定不要想象许多孩子都会符合所有的甚至大部分的特征。大部分孩子，就像大部分成年人一样，都有混合的气质。多血质的孩子会常常具有许多粘液质的特征。抑郁质也常常会隐藏着一些胆气。甚至有可能在一个生活领域当中明显属于一种气质，而在另一个生活领域当中则明显属于另一种气质。然而总的来说，气质的色彩会笼罩整个全人，也几乎总是会笼罩孩子的全人。气质的识别是一门艺术，就像一位行家识别一幅画或一段音乐的作者的情形那样。但我们必须从大面的对比开始。

想象一个孩子体格结实，甚至矮壮，走路时候好像每一步都要把脚跟踩到地里去。他的头稳稳地坐在肩膀上，深色眼睛目光如炬，可能是乌黑的，而他的手也反映出全身的体型，粗壮的拳头和强壮的手指，可以坚定地、娴熟地抓住一个工具。他对世界有着深深的兴趣，尤其是人在世界里做的事情，而当他开始了一个任务之后，他会把它一直做到底。他想要领导所有的事情，其他孩子都知道他至高无上的地位，并且会快乐地跟随他。"让我也扮演狮子吧！"他会哭叫。因为他是胆汁质的，就像纺织工波特穆一样，任何情况下都会推动自己前进。汤姆·索亚是健康的胆汁质男孩的一个宝贵形象。

他是班上的重要资产，因为一个班也像全人类一样，需要领袖，而他的坚忍不拔有助于推动它不断前进，并维持它的兴趣。但是必须给他的充沛的能量设定范围和方向。在戏剧当中必须给他一个非常主动而壮丽的角色，而总的来说，应该把困难的工作交给他，并且让他自己去解决困难。或许老师必须给他找一些定期的繁重任务——而在现代学校里面这不是一件容易的事，因为没有木头需要砍，没有煤需要运，也没有沉重的地板抛光器。假如你需要让他安静下来，就给他描述一个他自己都想象不到的更大的骚乱、激动和英雄主义的场景，并且让他看到——在一个故事里面——你可以变得极其激烈的愤怒。如果他喜欢洋洋得意，③就让他在全班面前完成一些任务；然后表扬其他孩子们为他付出的兴趣。不要让他和抑郁质的孩子坐在一起，后者只会惹恼他，并且被他吓得不知所措。把他放在另一个胆汁质旁边，这样他要是打人的话，就会被打回来。最重要的是你要努力赢得他的仰慕与忠诚，而要想做到这一点，最好的办法就是让他看到你是一个有技巧、有能力的人。因为胆汁质自己会渴望成就各种事情，从而会对别人的成就立即产生尊敬。

再想象另一个小孩，体态轻盈，骨头很精致，走起路来充满弹性，几乎像是在跳舞。她的脖子修长，蓝眼睛，常常长着一头卷发。当她工作中需要转身的时候，她会发出最小的声音。她家里的柜橱装满了各种她开始做了却从来没完成过的东西。她的兴趣很容易被抓住，而她也像胆汁质一样渴望回答问题，把手举起来像风车一样摇动着想要吸引老师的注意。但是有可能还没轮到她讲话呢，她甚至就已经忘了问题和答案，而第二天她当然就不会记得它们了。因为她的思维就像土层很浅的田地一样，播下的种子会迅速生长，但也会同样迅速地枯萎。她是那多血质的孩子，并且她是所有孩子当中最典型的。因为人生的每个年龄阶段也都有各自的气质，而多血质是儿童时代的主导气质，它总的来说会阻止其他气质以同样强烈的方式表达出来，像成年人那样。

从多血质孩子身上，老师可以关于儿童时代学到许多东西，比如可以从他们身上发现，必须通过生动和花样来抓住孩子们的注意力。他们会教会他永远都不要僵硬地坚持一个准备好的教案，而是让这一个小时当中不断变化的灵感自由地展开，跟随那意外出现的引人入胜的主题，然而最后仍然能回到手头的事务上来。他会学会当他们逃避了承诺的任务的时候原谅他们，或者在他本来希望营造出庄严肃穆的情态的一些小事上开怀大笑。他们比其他孩子更善于展现出他有多么荒谬。当他需要迅速地引起兴趣，或需要笑声来圆场，或改变一下气氛的时候，就可以转向那些最多血质的孩子，他们就会调动起全班的情绪。

给多血质的孩子最好安排花样繁多的任务，并且经常改变，要变得比他们想要的还快，只要这些任务不要特别严肃就好。但在每个多血质孩子身上几乎都可以找到一项不是那么多血质而是有相当坚持程度的兴趣。对这种兴趣要想尽一切办法加以鼓励。因为恰恰作为儿童时代特别占主导地位的气质，多血质对孩子们构成的危险也最大，尤其是在这个发明了各种新鲜方式来分散孩子和成年人的注意力的时代。对于这个气质，既要给它完全的自由，又要通过直接鼓励它的对立面来对它进行平衡。多血质孩子还有另一种重要的特征。因为他们都喜欢当模范榜样，他们需要带着爱和某个成年人联系在一起，后者作为他们多变的世界里的锚和指南针。然后他们就会出于对老师的爱以及赢得赞同的欲望而执行各种任务，他们的气质会阻碍他们通过其他的方式赢得赞同。主班老师尤其应该想办法培养多血质孩子们的爱，正像他应该用自己的能力给胆汁质孩子留下深刻印象一样。

让我们再过渡到另一种类型的孩子吧。想象一个女孩，苗条而优雅，棕色眼睛，或者可能像帕拉斯·雅典娜那样是灰色眼睛，光滑的头发，修长的手指。她走路的方式特别有节奏，而且特别从容，并且她的一切动作都是有控制的。她比大部分孩子都更喜欢独处，她的物品总的来说都非常整洁有序。在课堂上她好像常常"出神"，你会说她没听讲。但第二天她会关于你讲的内容提出一个有趣的问题，这说明她听讲的程度比你认为的更专心。她属于抑郁质的孩子，就像《皆大欢喜》里抑郁的杰奎斯一样，当交谈的话题早已转开了的时候，她还仍然在"没完没了地说着那第七条理由"。

她通常是老师喜欢的学生。因为她善于理解，会思考学到的东西，富有原创思想，并且会提出智性的问题。但她讲话会害羞，需要很多鼓励才能说出自己的想法。她不论做什么都很谨慎。班上在彩绘的时候，多血质的孩子们已经扔出两三幅粗心大意的杰作了，她却还在角落里认真工作。她喜欢蓝色或淡紫色，并且多血质喜欢的震撼的红色会令她退缩。老师如果想找一个思想深刻的作品作为例子，或希望回顾很久以前学过的某一课的内容，或激发一种同感或慈悲的情态，那么就可以转向班里的抑郁质。

抑郁质听起来是理想的孩子，而大人们总的来说也的确更喜欢他们，因为他们会自己忙自己的事，几乎不会找麻烦。但他们也可能会很难搞。抑郁质的孩子可能会因为某种想象的不公平，或仅仅因为生活太难承受，而为自己感到非常难过，而她也同样有可能会有自私品质而不善交往。她遇到任何突然的提议都会退缩，而且会拒绝心里其实渴望参加的聚会。对于任何社会活动，她都必须提前好几天进行准备才行。需要提前告诉她六天后将有一个美妙的聚会，这样她才能做好准备，玩得开心。要告诉她哪些朋友将会参加，以及有哪些她特别喜欢的东西。再加上每天重复这个过程，那么就很有希望届时她会愉快地去参加。之后她会那么兴高采烈地给你讲述聚会的经过！假如她陷入为自己感到难过的状态，就像她经常表现的那样，那么靠说开心话去鼓励她将是致命的错误。可以给她讲故事，适合她的年龄的，关于别人经历的麻烦和考验的故事，这样，出于对他们的遭遇的同情，她就会忘记自己的麻烦。老师应当以一种机智的方式让她知道，他也曾有过失望和困难，并且通过努力克服了它们。这样他就能赢得她的同情，并且同时赢得她的尊重和信心。

最后，我们必须想象一下那种更罕见的孩子，粘液质的孩子。他很胖、很敦实，一张圆圆的、木讷的脸，而且"他的眼里看不到任何心机"。他一个人待着就相当满足，而且甚至当全班同学都已经下课或者去别处上另一堂课了，他还一个人坐在凳子上，因为"没人告诉我该走"。他似乎对任何课程都没有兴趣，并且很少发表意见。他喜欢食物，喜欢吃糖果，睡觉很香。《匹克威克外传》里那个胖男孩就是粘液质的好例子（"那该死的男孩，他又睡着了"）。某种程度上，即便他清醒的时候，他也是在睡觉，而当你特别地需要他注意什么事情的时候，你得敲敲他的桌子才行。你可以通过以其人之道还治其人之身的方式来激发出他的活力。以非常慢的速度给他讲个故事，每两个词之间都停顿很长时间，并且以尽可能单调的语气去讲。过一会之后，他就会表现出不舒服的迹象，开始坐立不安（这是不寻常的活力的迹象）。这时假如你停下来问他一个问题，他就会相当犀利地做出回答。从他里面即便能调动出这么一点点能量也已经非同小可了。

但有一点可以激发起他的能量。他喜欢看其他孩子做事。这是个伟大的美德，应该不遗余力地加以培养。不要让他复述昨天课程的内容，像你问抑郁质孩子那样，而要让他告诉你迪克画了什么，或珍妮捏了什么，或者茹丝表演了什么，或哈利给全班展示了什么。因为他真的很关心其他孩子，而从这点出发，可以在他身上培养出精致的无私，也能培养出行动。假如另一个孩子受伤了，照顾他、把他领走换衣服、包扎伤口的会是粘液质的孩子。因为这个气质含有那种母亲般的呵护的品质。一个粘液质的女孩尤其可以成为全班的小妈妈。或许粘液质最终能成为所有气质当中最伟大的气质，因为通过同感和关注，它可以汲取其他所有气质的美德。但是，当然了，到那时它也就不再是粘液质了！

前面提到过，让胆汁质的孩子和另一个胆汁质的孩子坐在一起是个好办法。这个原则对所有气质都适用。粘液质的孩子会受到粘液质的邻桌的无聊的刺激，从而激发出一些活力，正如胆汁质会遇到反抗从而学会服从一样。如果所有气质类型相似的孩子们都坐在一起的话，那么整个班级就会像一个乐队一样，有整齐的弦乐声部、木管声部、铜管声部和打击乐声部。而老师恰恰应该把班级想成一个乐队，指挥这些真人乐器并享受他们全部的美德和音符。

气质的知识对教学主题的准备和展示很有帮助。因为总是有些方面会更多地迎合某一种气质类型，所以应该在课程中健康地引入多样性。例如在数学当中，多血质孩子会以大数字为荣，并且喜欢那些让结果呈跳跃式增长的运算，例如在一个故事当中，某人给他的马掌钉第一颗钉子需要付给铁匠五分钱，第二颗需要付十分钱，第三颗二十，等等——一共有四十八颗钉子。抑郁质会喜欢结果逐步越变越小的运算，例如一群工人在种树，每天需要种的行数都减少九行。可以让胆汁质的孩子回答，假如八个人十二天之内种三万棵树，那么每人每天需要种多少棵。在任何与人类事务有关的主题当中，通常都很容易看出来哪些方面会迎合哪种气质类型。拿哥伦布的故事来说，谁对他面临并克服的各种困难和不屈不挠的精神最感兴趣？谁会对他的故事的悲惨结局感触最深，既包括他自己也包括他发现的那些民族的悲惨结局？谁最喜欢想象一座又一座岛屿上的居民们在他们的漂浮的房子里把各种礼物送给那些白人？谁最喜欢思考那些岛民的家，他们吃什么，以及他们怎么烹饪？或者，再一次地，你可以从那些不同的角度来考察法国大革命的精彩故事：受压迫的农奴的苦难，一系列生动的景象，从妇女们向凡尔赛宫的游行到葡萄弹轰击，把福吉谷和瓦雷内联系在一起的共和理想，以及拿破仑的宏伟事业。

不仅历史课可以区别对待不同气质类型。在第一堂语法课上，胆汁质的孩子们最喜欢动词，他们也最喜欢出来表演它们；抑郁质会喜欢形容词表达出来的不同性质的细微差异；多血质会对名词感兴趣，因为它们代表了多种多样的东西，这些东西都可以在某些特殊的地方找到，木头，或溪流，或海岸。对孩子来说，世界仍然很大程度上具有人的图景，所以许多其他东西也都能按照气质来对待。不同的动物、植物和树，甚至植物的不同部位——根、叶、花和果实——都会让不同类型的孩子感兴趣。

根据气质给孩子布置个性化的作业是特别有益的做法，不论是家庭作业还是课堂作业。孩子们并不总是有足够的智慧来知道他们最喜欢的是什么。他们的判断太多地以模仿或其他无关紧要的因素为基础，因此并不可靠。根据孩子的气质给他推荐阅读材料、业余爱好或学习的乐器常常意味着无聊和激情之间的区别。这个区别是值得做出的。

经过19世纪学校当中常见的均一式教学之后，20世纪的小班和研究室推动了朝向个性化教学的强烈摆动。然而，这个世纪是否培养出了和上个世纪一样多的杰出个体？这是十分值得怀疑的。事实上，太多的个性化教学都太容易给孩子施加太大的压力，让他们在仍然应该保持可塑性的阶段就定了型，而且在发展出一个可以依赖的自我之前就让他们实现自我依赖。孩子们需要一定的自由去在他们能够消化的时候消化那些他们能够消化的东西，并且他们并不总是想要指导老师来检查他们，看他们是否得到了足够的挑战，或者需要重复这个或那个主题。正是因为这个原因，华德福学校的班级可以比其他现代教育形式更大。但考虑到气质差异的教学会把多样性带入班级内部，而不必把它拆分成更小的单位。气质的知识对老师来说是一份无比宝贵的教育资本，也符合孩子的最高利益。

因为假如一个孩子能够在儿童时代就得以针对他的气质彻底工作并且克服它的缺点，那么今后就有可能达到任意运用所有气质的美德的理想境界。生活中会有一些情形——比如鸡尾酒会之类——让人可以恰当地表现多血质的气质。假如他必须驾车穿过一个拥挤的城市，他就必须践行粘液质的耐心。假如有些理想需要通过斗争来争取的话，他就应该拿起胆汁质的永不疲惫的剑。对于他的哲学或宗教的内在生命，他需要抑郁质的冥想式的深度。

在古代的智慧当中，气质总是与土、水、气、火四种元素相联系，这只是对那四个体或者说四个原则的另一种表达方式，我们已经明白，那四个体的互相交织恰恰是造成气质的原因。因此，这四种元素的和谐的混合就造就了理想的人。正是因为这个原因，在莎士比亚戏剧《裘力斯·凯撒》的结尾，马克·安东尼描述布鲁图斯为"他们这些人当中最高贵的罗马人"。因为他说在布鲁图斯身上，那些元素——

　　交织得那么完美，乃至大自然能够站出来
　　并对全世界说，"他是一个人。"

注：

① 必须认识到这只是对一个复杂的关系的一个超级简化的介绍。

② 这是对四种气质的一个简单的介绍，也是鲁道夫·施泰纳泛泛地给出的一个介绍。然而他强调，在孩子身上，四种原则的特性及其相互关系某种意义上是不同的，但四种气质的特征是相同的。

③ "无约束的，夸大的"，最接近的美国字眼应该是"过度"的。

——编者注

# 第17章　青春期

性成熟把儿童时代和青春期分割开来，就像阿尔卑斯山脉把阳光明媚的意大利丘陵和平原与北方严酷的气候分割开来一样。这个壁垒是那么明显，以至于它的主要外部特征都毋庸赘述了。然而即便在生理学范畴内，在施泰纳看来，这个阶段需要关注的最重要的身体变化也不仅仅是，或者本质上并不是性器官的发育。前些年当中在头部那么活跃的构型力量现在达到了四肢。男孩们的腿和胳膊都长出了裤腿和袖筒，并且一度变得无法控制。男孩女孩的生长速度都常常会超过力气的增长。同时，那种觉知和"唤醒"的力量，这些力量在小孩子的四肢里是那么活跃，现在开始发展到头部。最初的独立智力和批判思维能力开始形成。

对于这个年龄阶段，老师应该密切关注孩子们过度疲劳或耗竭的迹象。这个年龄或许比任何其他阶段都更容易产生出早熟的批判能力，而这对孩子的健康和思维都是非常有害的。现在比以前甚至更需要生动的教学、丰富的想象以及温暖的激情。越是能把孩子的注意力从他们自己身上转移到世界里面，他们就越容易和谐地度过这个常常充满艰难的成长阶段。

从另一个角度来看，性成熟是入世过程的高潮——换句话说，是儿童时代的高潮。孩子实现了最后一项身体成就，繁衍同类的能力。人和动物之间最大的区别恰恰是性成熟的结果——在动物是成熟并被吸收成为它的物种成员，在人类是新的思维力量的开端，并且表现出毋庸置疑的个性化的特征。但是在身体方面，从性成熟开始，孩子就作为人类的一个成员立足于世上了。

这可能是儿童时代最不讨人喜欢的阶段了。孩子已经失去了早年那种天真任性的幻想，并且还没有获得青年的那种理想主义。英国教育部首席艺术巡视员曾对一所鲁道夫·施泰纳学校的老师们说，这个时代没有艺术。尽管需要证实，但这个说法也很典型。因为艺术是品质方面的知觉，而不是实用主义的。我们现代文明中的大量的男男女女们都在性成熟的时候丢失了艺术这个东西，之后就再也未能将它找回。"贫民"这个词就突出了这个情况，它的拉丁词根"proles"的意思是"后代"，其最初的意思指的是那些能够繁衍同类，从事实践工作，并且对社会没有其他价值的阶层。它的成员从来没有超越性成熟的实用主义。

不幸的是，在我们现代的各种技术学校，青少年教育仍然是从相同的实用主义观点衍生出来的。尽管技术方面都受过教育，但我们人口的主体仍然是贫民。

这在前面各章都已经提到。现在就该重新拾起这个主题进行详细讨论了。换牙标志着儿童时代中间阶段的开始，相比之下，性成熟的变化标志着儿童时代中间阶段的结束，这个过程更要复杂得多。随着换牙诞生的图景式思维是简单而客观的，相比之下，在青春期阶段，伴随着所有那些意识和自我意识，整个的内在思想世界都会唤醒，迷惑和困扰着惊讶的孩子们。此外，换牙对男孩和女孩来说具有相同的特征。而性成熟在两性当中却有不同的表现，发生时间和特征都不一样。如果不研究男性和女性之间的根本差异的话，实在是不可能理解青春期的。

那些心理学家们发现孩子即便很小的时候就有许多性别差异，他们是对的。小女孩通常对衣服很有感情，而这种感情男孩是没有的，而男孩小时候对机械的兴趣也极少在女孩身上找到。[①]然而，如果把这种差异联系到、等同于或混淆于那种色情的性体验的话，那就是错误的。男性和女性之间存在着一个最重要的区别，而现代的情欲并不是这种区别的本质部分。任何人类科学都无法理解这种区别，除非它可以重建古老宗教当中关于"人的堕落"的传说。

那个"堕落"的后果及其在儿童生活当中的反映已经在关于意识和自我意识的发展的部分讨论过了。经过"堕落"，人获得了关于世界和自己的知识，但那个时候他还不够负责任、不够道德，从而无法支持这些知识，这种态势如今比以往任何时候都更明显。但正是通过入世，个体的人才会在尘世的人生中发展，从意识发展到自我意识。可以很容易看出来，某个人入世的程度会更深——用个常用的字眼来说——比别人更"入世"。用更微妙但同样容易理解的方式来说，男性作为一个整体，总的来说，在物质身体里面铭印和入世的程度会比女性更深。男孩的性成熟过程因为比女孩更深，所以会比女孩更慢。

男性和女性之间的许多更为常见的区别都可以用这个道理来解释。比如说，总的来说，男性入世程度都更深，因此他们会比女人更难对灵性的东西或宗教感兴趣；而女性，因为她们入世程度较浅，所以她们从事工程或工业化学之类高度实践性工作的可能性会比较小。然而性成熟的时候需要注意的方面很多，不仅仅是入世的深度。

青春期之前，孩子们的思想生活一直天然地处于客观状态，这是天生的，就像他们的生命、他们的喜欢和不喜欢、他们做这做那的各种冲动一样。而性成熟之后——并且这是最重要的区别——他们开始在自己的内在生命中寻找思想的源泉。每个孩子的这个阶段都可以被比作社会历史当中从传统的宗族君主制向城邦制的过渡，他们在进行最初的笨拙的尝试，努力制定自己的法律。当孩子意识到自己有一个思想、情感和感官的内在世界的时候，那是一个无比重要的时刻，这是他自己的特别的宝藏，这个宝藏只有他自己能够负责，世界上没有任何其他人能说"芝麻，开门吧"。

只是因为女孩典型地不会入世到那么深的程度，所以她们比男孩更容易应对这个新的主观世界。她在它里面会感到更自在，她更善于使用它给她提供的各种形式来表达自己。她会更加自然而优雅地展示她的新的内在生命，不论在总体的行为方面还是在理想的宣示方面。而男孩则被驱赶到与外在物质世界的更深的连接当中，并发现很难接受自己的内在生命。他的笨拙身体和市侩心态会交相辉映。他会本能地掩饰女孩们会本能地展现的那些东西。

这两种状态自然都有相应的堕落风险。女孩的内向很容易堕落为背后诽谤和恶毒；男孩的外向会堕落为霸凌和团伙残暴。而男女混校有很多益处，其中一条就是，正确引导的前提下，它有助于两种性别互相校正极端倾向。女孩们会因尖酸刻薄而受到男孩们的鄙视，而男孩们也感到自己的粗鲁会吓到女孩们。为了赢得对方的好感（他们双方都秘密地在努力），双方某种程度上都需要修正自己的方式。

在性成熟的变化中，我们见证了男女之间那种富有成效的差异的产生过程，假如我们能更好地理解这种差异的话，那么就能在它的基础上构建出更好的社会生活，而不理解这种差异则常常会造成许多不幸。男性的天分是通过逻辑过程实现理解客观世界；女性的天分是通过直觉过程理解主观世界。男人听别人说话的时候，会对他的词语的精确含义感兴趣；女人更关心说话的人为什么会这样说，以及他的真正意思是什么。

女性会更多地感到话语的社会和心理含义，而男性则仅会局限于内容。女性会聆听精神，男性会聆听文字。逻辑性的男人面对女人的这句话会显得无助而愤慨："你应该知道我真正的意思是什么。"而直觉型的女性又会为男性的残酷地忠实于字面意思而感到无助和愤怒。

两种能力都很重要，并且都要在社会生活中运用。施泰纳关于社会问题的工作可以给我们提供一个例子。男性在发明方面更有天分；女性的发明家非常罕见，但是女性可能在"让人做事情"方面更有天分。但是当一项发明成功之后，又有一个同样重要的问题，怎样把它在生活中建立起来，过去这个问题的答案完全靠运气。要想预见某项发明的社会影响，以及如何预防，或者至少缓解，它的侵入在已经建立起来的秩序当中造成的悲痛和混乱，那就需要和发明家不同的天分。女性正是这种预见性方面的自然天分会远远超越男性。

但我们必须回到青春期的话题上。一定要认识到，不论男孩还是女孩，他们都常常会对自己的新的内在生命感到绝望的害羞，并且努力通过不同的、特殊的时装来隐藏他们的害羞。当一个女孩喋喋不休地抗议她或她的朋友遭遇的不公平对待的时候，英明的老师会认识到，这种爆发的一部分意义是逃避困扰她自己的良知的软弱或失败。如果看起来某个男孩的唯一乐趣就是哗众取宠，那么可能他其实在写诗，只不过从来没跟别人说过。这样，老师就该让二者都知道，他们的态度不会受到严肃批评，并且，无需说教，只要给他们展示一些人生理念。最好跟他们实际讨论一下他们头脑里的事业，并且指出那个事业提供的超越简简单单维持生活的意义。可以描述一些优秀的人，和男孩们讨论他们的性格，向女孩们强调他们的工作和事迹。这将有助于平衡二者的偏颇。因为，尽管总的来说，正确的、合理的方式是顺着而不是逆着儿童时代的自然倾向去工作，但也绝对不应忘记，终极的目的应该是实现生活的平衡，而不是偏颇。最好总是给那成熟晚得多的相反的作物准备好土地。广泛地说，青春期的女孩对美的追求更开放。"美就是真，真就是美"对她们来说具有深刻的含义。对男孩来说，他们需要实践英雄主义，这种英雄主义会造就警醒的感觉和强壮的肌肉。"Laborare est orare."（工作就是祷告）代表了他们的人生哲学。或许他们需要发现，只有当祷告具有工作的费力的品质时才是真正的祷告，而只有当工作具有祷告的殷切渴望的时候才是真正的工作。

假如人们能够对性成熟时的整体改变和发展给予足够兴趣和重视，并且忘掉所谓的性问题，那就太好了。但有些思想学派对那个问题看得无比重要，因此也必须讲一讲那个问题。第十二章已经关于广泛的生理学领域做了介绍，其中自然地包含了受孕和出生的内容。大部分现代儿童第十二年之前都知道出生的自然现象，就算他们不知道受胎的现象。而在这方面，以及许多其他方面，学校该做的是给孩子们已经获得的知识定一个正确的调。在出生和性的问题上，现代式的坦率的危险在于，那个信息会让孩子们不知不觉地吸收物质主义。孩子会问："我是从哪来的？"家长回答："从你妈妈身体里来的。"而没有意识到这个答案把"身体"和"我"等同起来了。只有当自然科学能够回答意识的终极起源的问题之后，它才有资格解释个体意识的自我的来源。目前它不应该假装能够回答孩子的那个问题，"我是从哪里来的？"它只能描述孩子的身体来到地上的某些必需过程。

青少年已经足够成熟，可以讨论生命、意识，以及拥有自我意识的自我的起源之类的问题。他们在历史、文学、动物学以及其他科目的学习中，会从纯粹物质的角度提出性的问题。然而还有一个问题，那就是性成熟带来的情欲的感官刺激与实践，这些东西太容易垄断这个年龄的孩子的思维和能量了。孩子是更多地在精神里还是在身体里体验到性成熟，这一点至关重要。假如青少年接受艺术教育，那么一种丰富的精神生命就会掌握住那个新的元素并且对它加以转化。性成熟的时候遇到最大困难的恰恰是那些智力化的孩子——并不一定意味着聪明的孩子。因此很大程度上取决于孩子早先的教育。

这里还是转化的原则，这个原则前文已经多次提到，必须特别地考虑这个原则。性成熟的最高级的表达恰恰是一种普适的爱，一种对世界的爱。当个体一开始感觉到自己是独立于世界的一个实体的时候，个体就第一次获得了可以爱世界的地位。怎样能在孩子里面为这种爱做最好的准备？那就是培养神奇赞叹的能力。在神奇赞叹当中，宇宙会在孩子里唤醒一种情感的响应。小孩子还没有能力对收到的东西做出主动的回应。但现在他们更加成熟了，就能够做出响应。年轻人可以带着爱走到世界里面去，就像先前关于神奇赞叹的体验一样。通过那种转化，儿童时代的各个年龄段就联系在一起了，"一个一个通过自然的虔敬结合在一起"。

这个不同年龄阶段的互动自然也包括来自青春期这个年龄阶段本身的神奇赞叹。青春期孩子对学到的所有新东西感到的神奇赞叹越多越好。但最好能让青少年对人本身产生神奇赞叹，并且说出《安提戈涅》里那段伟大的齐诵："奇迹有很多，但没有比人更神奇的。"这尤其是这个阶段最重要的艺术史的目的，艺术史是华德福学校在这个年龄阶段开设的一门课程，下一章将予以描述。这个年龄阶段的科目选择及其正确开展实在是一门最高级的艺术。同学们今后一生中是与世界和谐相处，还是会遭遇某种内在的纠结和冲突，全都取决于此。直接的、耸人听闻的少年犯罪只是性成熟相关的诸多问题当中的一个。这个年龄阶段是整个人生中的一个关键。

注：

① 一个4岁的小女孩，有一次知道一个表兄弟要来，晚上在她的帆布床上问作者："明天菲利普要来，我该穿什么衣服给他看？"这种问题男性在青春期约会年龄之前是几乎不会问出来的。

# 第 18 章　高中九年级

进入青春期之后，孩子们开始在这个或那个方向上表现出明显的能力。这个年龄上，我们英国的教育系统就开始分专业了，尽管没有更早。现代世界对技术人员的需要造成许多孩子们实际上放弃文科而转向一组日趋狭窄的科学领域。另一方面，文科方面有天分的孩子们，尤其那些已经肯定能拿到奖学金的，就从此几乎再听不到更多科学内容，从而发展成为科学文盲。

谴责这种割裂很容易，但我们首先要回答一个问题，分科是否的确符合人类成长的自然过程。自从土八-该隐在铜匠和铁匠工作中实现专业化以来，人们似乎自发地发展出了各种特别的能力。青春期远未到来之前，孩子们当然也可能表现强烈的倾向。这些倾向很大程度上是因为遗传，或者，可能更常见地，来自对父母以及其他人的模仿。然而，颇有一部分孩子的天分是自己发展出来的，这份天分是任何遗传或环境的影响所无法企及的。这些孩子克服了那些大部分人都会顺从的力量。有可能他们属于未来人类的类型。

对于真正的天才的情形，很大程度上，老师唯一能做的就是确保它不会受到妨碍或干扰，尽管生命的法则会产生强大的作用，而且几乎可以说，天才需要某种反作用力作为斗争或纠结的对象。假如莫扎特的生活像门德尔松一样优越，那么他还能写出那么高贵的音乐吗？或者济慈的婚姻如果很美满，那么他还能写出那么丰富的诗篇吗？然而大部分老师是不大可能遇到天才的。一般来说，我们在这个问题上更关心的是孩子的思维或能力方面的某些强烈倾向的问题。

假如一个孩子在一个方向上有无与伦比的天赋，这并不一定意味着在其他方面就有缺陷。即便对于相当平常的孩子们，"某个科目学得差"也常常是外因导致的，而不是天生的状态。可能这个孩子开始的时候没做好，并且被初期的一些困难吓倒了；可能他不喜欢某个老师；可能父母或某个兄弟姐妹大讲特讲某个新科目如何难学，从而让这个学生准备好了失败。当你声称自己学不好数学或拉丁语的时候，这甚至带有一种势利的成分。一般人都常常能成为一个比我们想象中更为全面的人，一点也不比天才差。

事实上，这个时代正是迫切地需要年轻人对生活的一切方面尽可能长时间地保持开放的思维。人的形态本身就教导我们避免过早的专门化。恰恰是动物才会匆忙地一头扎进某种特化的功能当中，奔跑、攀爬、挖洞，或游泳，而且它们身体和四肢的形态恰好适合于那种功能。人类会收住自己，并且保留了一种特别的身体结构，这种结构不擅长这些事情当中的任何一种，但却能够做所有的事情。人类是世上所有造物当中专门化程度最低的。

事实上，生活的专门化程度越高，从社会的角度看，每个个人就越是要对世界的情况有一个总体的掌握，而从精神的方面看，就越迫切地需要维持某种普适人类的成分。人们活在世上是为了能够分享一个共同的生活。每个人都是按照宇宙的形象创造的，带有宇宙的普适的力量和兴趣。"生为一只雄蜂，死为一只雄蜂"，对于一只蜜蜂来说，这是自然的，而"生为一个人，死为一个裁缝"，这对一个人来说却是一个可耻的墓志铭。

正是本着这种全息的人生观，华德福学校即使在高年级也努力维持尽可能宽广的教育，而且特别地保留了艺术和科学的共同教育。所以就有一个为所有孩子提供的全息的教纲，在这个基础上，那些更有天分的学生可以并行完成更高级的作业。但所有孩子们都会享受共同了解世界的社会体验，从而互相帮助，共同获得那种普适的观念，而这观念本身就会让人成为社会的存在。

那样的一个教纲对高年级非常重要，其重要性不亚于科目设置必须符合孩子全面成长的原则。孩子应该从世界里找到对应于他们内在成长内容的某种东西——这是华德福教育的一个公理。时代、地方以及民族的差异自然要求科目的选择和处理上要有区别，只不过有的明显，有的微妙。然而鲁道夫·施泰纳为第一所华德福学校高年级提出的建议是针对整个时代的，并且将长久地作为一种青少年自由教育的最高级的典范。

首先要注意青春期的那种批判精神。孩子们感到他们的双脚已经踏在尘世，并且他们想要生活在现代世界。他们喜欢假装拒绝任何形式的理想主义，并且常常以表达最骇人听闻的意见为乐。然而在表面背后，他们极其缺乏自信，并且偷偷地在渴望一个榜样，一个可以代表他们秘密珍怀着的理想的英雄形象，并且在这个形象的基础上塑造自己的人生。因此教纲有两个主要功能：让孩子学到那些塑造了现代生活的各种力量的知识，并同时以尽可能客观的方式培养他们内心深处的那种理想主义。在实现第一个功能的同时，也一定要介绍现代生活造成的各种问题；在实现第二个功能的时候，必须竭尽全力地避免任何情感主义或不切实际的东西。

显然，九年级历史必须在根本上应对现代时代。思维方面的各项伟大革命促成了牛顿的机械宇宙观的发展，很适合用作开篇简介。要考察，某位天文学家的成果如何促成了另一位天文学家的成就，从哥白尼、第谷·布拉赫、伽利略、开普勒到牛顿的序列，构成了科学的一个神奇的例子，在那个民族之灵蠢蠢欲动的时代，它超越了各个民族的国界。世上的各种机械发明，可以说，反映了牛顿的机械宇宙——早期的蒸汽机实际上被称为"太阳与行星引擎"。一直到现代时代，这些发明的广泛的序列及其对社会生活的影响是人类历史上至关重要的一章。同样重要的——而且孩子们衷心欢迎的——是个人的逐渐增长的重要感，以及"人的尊严"，这些发展欣然与工业革命相配合。社会契约与天赋人权的理论的发展，经历了英格兰的内战、美国独立战争，以及法国大革命——这些都丰富多样地相互关联着——这些理论最初来自基督教教会宣讲的个人的绝对价值，但只有当人类掌握了地上的各种物理力量之后，它们才得以在社会领域实现。对地球本身的征服，体现在大航海时代的发现当中，这是青春期孩子内在情感的一幅外在图景——探险进入新世界，发展各种内在资源。

科学课应该为历史提供自然的补充和丰富。在这个阶段，孩子们关于人类的各种发明会提出"如何"而不是"什么"的问题。华德福学校通常的选择是首先在热机和电话这两个领域回答这个"如何"的问题。[①]

这个选择有许多原因。历史上，正是这两种发明，好坏放在一边，启动了一个过程，把这个多样的世界统一起来，如今我们对它们（以及它们的后裔）依赖仍然巨大。因此，关于它们的知识不仅具有技术价值，而且具有重要的社会意义。假如你打电话或坐火车的时候不知道背后的技术过程，那么你在思想上就无法和那些为你提供服务的人们联系起来。不论你的天性多么社会化，你都已经在你和他们之间树立了一个屏障。并不是说你总是必须要和技术人员谈论他们的主题，但是你能够广泛理解他们的工作领域这件事实会在你和他们之间建立起一个无形的纽带。

然而，我们之所以这样选择主题还有一个更深层的原因。如今人们普遍地认为，人类使用的那些简单工具只不过是双手的一种延伸。动物的手一般都发展成了一种特定的工具。它们对这种工具是专家，但通常无法使用其他任何一种。而人类的手可以做许多事情，可以挖掘，可以铲，可以扔，它是锤子，是钳子，又是扳手，但在这些方面的能力都很原始。人类发明了各种工具，从而进一步提高了双手的自然能力。

然而，双手的道理也实在适用于人的机体的其他部位，只不过更为微妙。几乎所有的机器都是我们里面的某些原则的机械性的外化。我们应该把各种机器看作是人里面的低层次的各种生命过程的复制，而不应该把我们里面的各种过程看作机械的过程，后者的真实性比前者要差得多。是风箱模仿了肺，而不能说肺是个风箱。热转化为能量的过程远在热机复制了这个过程很久之前就已经在人类代谢系统当中建立起来了。神经系统早就是意识的活的载体，而很久以后它的机械的对应者电话和电报才出现。

热机和电话这两项研究之所以适合这个年龄是因为，前面已经论述过，青春期孩子特别强烈地活在两套对立的系统当中，一端是头和神经，另一端是四肢和代谢。更确切地说，生长的过程已经达到四肢，而唤醒的过程已经渗透头部。这样就产生了青春期的两极——一方面是冰冷的批判，另一方面是烈火般的义愤（以及其他激情）。这段时间里，韵律的生命暂时被这两个极端压到了，而青少年会很难保持平衡。

因此这个阶段帮助孩子的一个办法是外化他们的各种困难。热机的崛起正好伴随着人类充满激情的伟大时代的平息，这不是偶然的。维多利亚时代的英格兰人开发了第一条铁路，他们的性格和伊丽莎白时代的那些伟大的探险家是非常不同的。他们当中很多人实在是可以用"教友会的规矩令人情感冰冷"②那句诗文来刻画。这些发明标志着人的内在的斗争和征服的完成。

因此有很好的理由，这个年龄阶段的科学教学应强调两项与青春期孩子自身成长密切相关的发明。正是这些特别的案例可以让我们清晰地领会初小主班老师和高中专科老师之间处理方式的区别。前者进行的可能是一种笼统描述，从纽科门空气泵一直到蒸汽机车、蒸汽轮机以及内燃机。他可能会简要介绍主要发明家的传记，并讨论相关的总体原理。而在九年级，则必须以相当科学的方式对待热机。我们会画出技术图，要研究压力和扩张的各种法则，并解答实践问题。应该让孩子们惊奇地发现，原来关于那些他们看来已经熟悉的各种事物还有那么多东西需要学习。

萧伯纳曾说，应该让年轻一代长期、细致地学习汽车的工作原理，并且严格禁止他们和艺术有任何接触。这样的话，他认为，年轻人就会偷偷地培养出一种对诗歌、音乐和绘画的激情，并且成长为文明的男人和女人。当然，在机械兴趣首先获得满足之后，技术思维模式的孩子们的确能更好地专注于艺术科目。即便对那些相对市侩的性成熟年龄的孩子们，只要找到正确的方式，也能让他们意识到艺术在人类生活中的独特地位。没有比视觉艺术更有助于唤醒青少年理想主义萌芽的科目了。

前文已经提到，在两种活动当中我们会遇到硬性的必然。在思维当中，我们受到逻辑法则的约束；在我们的实践创造当中，我们则会受到物理和机械的法则的约束。在艺术当中我们能够自由地创作，而最后突然发现我们在那个创作领域里开创了一套新的法则。在这个领域里，我们作为被造物最接近那造物主的角色。

艺术的起源已经模糊不清。那些考古学家只能告诉我们，即便在人类最早的手工制品中，也有很多看起来经历了精心的制作过程，以便确保它们在有用的同时也要美观。最早的人造产物中就包括画和管乐器。不论那些石器时代的岩画的目的是什么，它们肯定属于惊人的艺术创作，这一点本身看来就验证了切斯特顿的名言，我们对原始人唯一的了解就是他们并不原始。

人类没有任何地方能像视觉艺术工作当中那样客观地揭示自己内在的生命和理想。在从埃及和加勒底到希腊和罗马的艺术发展当中，我们可以看到从神权政治到人类社会的那种过渡。与古典艺术相比，中世纪的图画和雕塑展现了一种情感的内敛和精神的深度，这是希腊雕塑家们从来不曾想象过或尝试刻画的。经由从契马布埃和乔托到那些伟大的荷兰和弗兰德的大师们，宗教艺术被发展为现世艺术。最初是圣人或圣母，带着鎏金的背景，闪耀着精神世界的光。然后有了尘世的风景——尽管呈现的常常是宗教故事的场景，出埃及记，或三个国王从山那边来到——取代了那属天的金色。最后只剩下风景，或内景，不再是天使报喜的场景，而是一堂音乐课，或小女孩读一封信。

人类所有的成长在艺术作品中都那么鲜明地反映出来，这对青春期的孩子来说是无比重要的。它展示了，人类的整体也有一个"在尘世当中生长成熟"的过程，就像小孩生长成熟一样。而且同时它还以客观的方式提出了各种关于过去和未来的理想的问题，从而可以激发内在生命的诞生并对它进行强化。

美妙的真彩色现代幻灯片前所未有地让如今的孩子们得以享受各种伟大画作的熏陶提升。与音乐或诗歌相比，这个年龄的孩子更容易表达他们对视觉艺术的感受。华德福学校重视的是体验，所以重点无论如何都不在于让智力方面更有天分的孩子们对全班都在看的那幅画发表出最详尽的论述。那些智力发达的孩子的伶俐常常妨碍他们带着足够的奉献去凝思那个对象。一个较迟钝的孩子可以明显地忘我地沉思一幅乔托、莱昂纳多或伦勃朗。

这个年龄的英语文学应该以及可以讲什么内容很大程度上取决于孩子们先前学过的内容。大学老师们常抱怨新学生没有真正的节奏感。而如果能够通过良好的教学保持这种节奏感的鲜活的话，那么从这种节奏感出发就可以有意识地开展诗歌欣赏。诗歌的节奏和韵律格式是多么神奇而又多种多样呀！不论是对比诗，还是节奏不断变化的诗，例如丁尼生的"复仇"或切斯特顿的"勒班陀"，孩子们会发现，不论总体节奏还是每一行的节奏都恰到好处。他们常会希望自己写诗来试验各种节奏。总是要详尽地论述那些好的地方而不是批判那些坏的方面。年轻人太容易学会那种挑毛拣刺的坏习惯了。

　　到十年级孩子们更成熟的时候，这种更加密切的批判可以大幅推进。在更早的年龄阶段，文学会带给孩子们一个特别的礼物——戏剧，尤其是喜剧。像法斯塔夫，那么务实，那么擅长充分利用任何形势，那么出人意料。他自己机智诙谐，并且让别人也变得风趣，那种人物特别适合孩子们成长中的个性感。豪尔王子成为亨利五世的时候说的那些辉煌的豪言壮语也一样。此时更加浪漫主义的戏剧或更深刻的悲剧尚且不适合他们。18世纪的那种智性的微妙也不是他们所能领会的。在浪漫主义诗人当中，相比华兹华斯和雪莱，他们会更欣赏拜伦。因为拜伦身上有一种伊丽莎白时代那种渴望刺激和充实生活的激情。拜伦和司各特（被拜伦取代）同是一个时代的最后代表，那个时代更喜欢用诗歌而不是白话的形式来展示浪漫主义故事。开始作为诗人获得伟大成功之后，司各特匿名出版了早期的白话故事，害怕失去声望。青春期的孩子再现了这个时代，如果给他们大声朗诵一首醇厚的故事诗的话，他们会热切地聆听的。如果能让年轻人理所当然地把节奏的元素注入讲故事的过程的话，那实在是一个不小的成就。

　　如今在文学教学方面有一个空前重要的任务——鼓励孩子们读懂他们自己。在这个年龄，历史老师可以取得很多成就，因为这个阶段的历史有很多很好的历史小说和人物传记。通过它们，孩子们明白他们可以品出一个阶段的味道，并学到那个阶段的实际事件。

那种泛滥了的、要求孩子对读过的书写读书报告的习惯的价值是值得质疑的。读书报告总的来说是内容的摘要，最后再加上一些开心或不开心的个人评论。有些类型的读物适合让孩子撰写摘要，这是孩子在正确的背景下应该学习的一种艺术。小说断然不属于这类读物。好得多的方法是让孩子们运用自己的想象接着书的结尾继续写下去，或者写一个作者未描述的场景。假如作者描绘的是夏天的一个场景，他们能不能把它描绘成冬季？那个年轻的英雄老了以后会是什么样？《古代水手》里那个婚礼客人从婚礼回家的时候对他的朋友们说了什么？写作的艺术就是说服读者进入自己竭尽全力描述的那个世界。老师对孩子们要求的任何东西都应该让他们能够更深地进入书的情态、场景和人物当中。而批判和浓缩则是一种退缩。

要想形成九年级教纲的整体图景，还有一个科目也是必需的。数学当中对思维的运用是最肯定的。数学或几何的证明完全是自我独立的。当青少年的思维力量正在觉醒的时候，它有助于在有效的思维当中培养信心。但要适合于这个年龄，也就是应该贴近实践，并且易于设想。概率和排列组合非常适合这个目的。孩子们会惊奇地发现，通过思维，那些乍看起来复杂到根本无法解决的问题可以那么轻易地解决。这个过程也并不困难，即便数学能力最差的孩子也会欣喜地发现，思维让他们实现了不可能的成果。这就引出了无理数的一些学习，例如 2 的平方根，正方形的对角线等于边长乘以 2 的平方根。几何当中也进展到研究正几何体。因为孩子们还需要用几何思想来掌握他们置身其中的这个三维世界。

最终，这会引出地理科目。这是对整个世界的掌握，这正是这个年龄需要的。尤其应该学习那些伟大的山脉，它们像是地球的骨骼，把欧洲和亚洲东西走向的山脉和美洲南北走向的山脉放在一起，就形成了地球表面的一个巨大的十字。但也有些特殊的山脉，例如阿尔卑斯山脉和落基山脉，应该拿来进行特别研究。孩子们应该知道哪些是地球上最古老的山脉，哪些是相对较近的时间才出现的。

当弗朗西斯·培根写他的关于花园应该是什么的论文的时候，他把它描述为"花园的平台"。这个字眼很好，因为它包含了几方面的含义，某种可复制的东西，某种提升到令人追求的层面的东西，但同时又是一种基础的东西，可以让新的事物构建起来。鲁道夫·施泰纳给现代高中的教纲就是那样一个平台。九年级（这是华德福高中的第一学年）特别重要，不仅因为它为其后的三个年级打下了基础，而且因为它对应于性成熟这个至关重要的年龄。下一年会收获新水平的自信和平衡。而这种自信和平衡能达到什么程度，则取决于九年级的土壤准备得多么肥沃。

注：

① 如今的华德福学生不大可能像哈伍德时代那样探索蒸汽机。八年级和九年级学生典型地会学习下列两个或更多项目：电话、内燃机、电动机和计算机。

——编者注

② "Quaker rule that doth the human feeling cool." —— 查尔斯·兰姆

——汉译注

# 第19章 高中十年级

可以非常有趣地看到，华德福十年级教纲以一种生动而原创的方式满足了这个年龄的成长。自然地，艺术和科学教育继续并行开展，但最具革命性的进展领域是艺术，尤其是艺术史。

在九年级，孩子们沉浸在现代时代当中。在十年级，他们将被转移到古代世界，研究整个古老文明领域，一直到巅峰的希腊文明，在那个时代，随着亚历山大大帝向东进攻，西方第一次涌回了东方。那是个震撼人心的过渡，但选择它是有多方面原因的。

文艺复兴时期，古典的希腊-罗马文明觉醒，并转化出一种新的生活。古典主义取代了欧洲学校的老三样，希腊语学习得到恢复，而希腊-罗马艺术魔法般地在意大利的土壤里死而复生。现代人见证了某种二次文艺复兴。现代人埋葬了古代文明，并且用那种侦探的天赋重新建造了它们的外部生命。在艺术和建筑当中，它们的影响一直非常大。但那些古代的文明形式在我们这个文明当中也得到了重复，不论好坏。从各个河流文明出发，我们第一次见证了以灌溉为基础的经济。它们造成的整个民族的强制迁移在我们如今这个时代也再次发生。庞杂的城市组织和规划，为争夺原材料而侵略外国土地——所有这些都是几千年前尼罗河和幼发拉底河流域的人们做的事情。对现代的孩子，学习埃及或巴比伦或阿兹特克是自然而重要的，就像文艺复兴时期的孩子学习雅典和罗马那么自然。可以说古代历史是最现代的。

此外，之所以在这个时候转向古代历史，还因为一个特别的原因。如今许多年轻人完全禁锢在时代的局限当中。趁着他们的思维仍然可塑的时候，最好能让他们了解一个与他们自己的价值观迥然不同的世界。因为，不用说，要想让现代意识理解那些奇怪的习俗，就必须竭尽全力地带着同感进入它们里面。比如，我们绝不能指责那些把死人制成木乃伊以及用生活用品殉葬的做法，也不应取笑埃及的那些兽头神的形象。假如我们认为，那个知道死后精神会经历道德审判，而且对解剖学了解很多的民族会想象那个木乃伊尸体真的会食用那些食物，在模型船里航行，并且乘坐模型马车，那么我们就实在是比那想象中的埃及人还要天真。

古代人的困难在于接受物质世界。而现代人则遇到恰恰相反的困难：我们那么强烈地被禁锢在物质身体里，我们几乎都无法想象精神世界的存在。但人类文明发展伊始，人类需要强大的辅助，以便让他们进入尘世。诗人华兹华斯记载，他小的时候住在英格兰湖区，那时他有时会感觉自己被运到天上去了，以至于在上学的途中他不得不紧紧抓住一个大门，好让自己留在地上。金字塔、巴比伦神塔、巨石阵，这些都是人们为了留在地上而紧紧抓住的大门。但把尸体和生前熟悉的物件放在一起保存起来是为了延长死后对尘世的记忆和经验。而没有这种观点的其他文明会烧掉或露天安置死者。对身体的形状进行人工的保存标志着人类体验的一个新的发展阶段。

古代世界让现代思维难以理解的另一个重要原因是，那时的人类思维不是通过思想而是通过图景来工作的。有时甚至需要实施那个图景，把它直接带到意志的领域。当先知亚希雅想要告诉耶罗波安他将成为以色列十二个部落当中十个部落的国王的时候，他扯下了耶罗波安的新袍子，把它扯成十二片，并把十片递给他！即便没有那种激烈的行动，思想也是自然地以图景的方式呈现的。罗波安的小拇指比他父亲的腰还粗。所罗门用鞭子惩罚他的人民，他用蝎子惩罚他们。但最明显地反映出古代和现代思维之间的本质区别的是它们和梦的关系。法老的梦，经约瑟夫解读，会用来调控全埃及的经济；吉尔伽美什无法正常地统治以力，直到找到了自然大力士恩奇都为止，而后者专门负责为他做梦。年轻人会看到愿景，而老年人会做梦，这是生命的顺序。

把图景意识转化为智性意识的是希腊人。他们最先用思维的力量去考察生活，而且这种考察也包括对思维生命本身的检视。我们可以从他们的历史当中看到这种转化。复仇三女神的眼力成了意识的看不见的毒刺；雅典娜的故事显示，人首先处于非个人化的"它在我里面想"的阶段，然后才拥有了"我想"的完全的自我-意识。那些神谕的图景——它们不再独立存在——先被解读成思想，然后就完全消失。

　　这种转化在亚里士多德的思想中达到了顶峰，亚历山大把它从印度传到埃及之后，这种思想在西方主宰了两千年。

　　因此，在跟踪这个历史阶段的过程中，孩子们就见证了自己里面的思维的诞生，而如今他们自己的思维也已经足够成熟，能够意识到这个情况了。希腊历史为许多现代问题都提供了清晰的光照——不论社会、政治、经济还是科学方面。希腊学派几乎是了解任何主题的最好的基础。但希腊学派不仅仅是希腊的一个现象。它的诞生来自那种东方的图景智慧。

　　鲁道夫·施泰纳关于文学课程类型的指示也同样有趣，但自然而然地，文学方面的那些指示必须按照所在国家的语言重新解读才行。文学和历史属于不同的领域，但文学教学的意图也和历史教学一样，是要体现相同的基本成长。希腊人主要在思维的领域体验了拥有自我意识的自我的诞生，北欧人更多在意志的领域。因此，针对德国孩子，施泰纳建议学习中世纪的《尼伯龙根之歌》（同时包括对德语古老形式的介绍），并将其和《埃达经》进行对比，后者是相同的故事，只不过形式更为古老。

　　盎格鲁-萨克逊人肯定和任何其他具有日耳曼血统的民族一样熟悉奥丁和齐格鲁德-法夫纳的祸根的故事。但它先是被基督教的学问取代，之后又被古典神祇取代，到了 19 世纪才被重新还原出来。乔叟以来，英国文学完全浸泡在古典神话当中。因此英国人的想象力得到了两种来源的丰富，北方和南方。我们可能更偏向于（如果必须选择的话）从一个更古老的领域中寻找类似成长的例子。

　　据记载，一些希腊人曾经在印度农村观看几出戏剧，就像至今仍在表演的那样，并且认为他们看到的是戏剧版本的《伊利亚特》。然而毫无疑问，他们真正看到的故事肯定来自古印度史诗《摩诃婆罗多》，其中，两个冠军阿朱那和迦尔纳之间作为高潮的那场战斗，也完全可以看作赫克特与阿喀琉斯之间的决斗。然而事实上，古代东方的史诗与西方不同，正如《埃达经》与《尼伯龙根之歌》不同一样。在那个印度故事当中，英雄是阿朱那,他从来不会单独出现,而总是由他母亲和四个般度王兄弟陪伴。而被他打败的对手迦尔纳则是一个孤独的个体,没有家庭也没有国家。在希腊史诗当中,赫克特是拥有显赫家族和种族关系的那一位,然而他却被孤独而无家的阿喀琉斯打败,后者切断了自己和所有希腊同胞的联系,独自在帐篷里酝酿愤怒。确切地说,是除一个人之外的所有希腊人。因为阿喀琉斯属于那种个人,古代文学为我们展示了几个这样的个人,他们代表了世界上的一种新事物——友谊的原则。大卫和约拿单、俄瑞斯忒斯和皮拉得斯、阿喀琉斯和帕特罗克洛斯、吉尔伽美什和恩奇都——他们身上都带有新的冲动,这种冲动将冲走老旧的血缘纽带。阿喀琉斯不是为他的家族而战,而是为了给死去的朋友复仇。

古典和现代作家在处理某个主题的时候也存在类似的对比。在埃斯库罗斯的戏剧中,普罗米修斯不得不被别人从外部释放。而在雪莱的《普罗米修斯的解放》当中,这个巨人则经历了一个内在的演进。只有当他克服了所有愤怒和复仇的想法、并希望"不要有任何生物遭受痛苦"之后,那些锁链才按照它们自己的原则不可避免地掉落下来。或者也可以用莎士比亚戏剧来举例,他是年轻人可能遇到的最伟大的教育家。他们现在已经足够成熟,可以排演《罗密欧与朱丽叶》了,在这里,莎士比亚处理的是古代戏剧家那么心爱的关于世仇的主题。但在古代世界,世仇只能通过外部净化或神的干预来解决。而莎士比亚用来终结蒙太古家族和凯普莱特家族之间长期世仇的冲动的却是爱和牺牲。

所有这些都只是建议。真正重要的是主题,而不是变化。但至少要对部分选中的著作进行详细学习。孩子们应该开始明白什么是全面彻底的知识了。当然肯定还要建议,此后每年至少要排演某个戏剧的一部分。与戏剧表演相比,没有任何东西能联合起那么多天分各不相同的人、没有任何东西能带来那么深刻的文学体验、没有任何东西拥有那么真实的教育意义了。全身心投入制作一场伟大戏剧的活动本身就是一种不拘一格的教育。

至此应该可以看出,文学内容和历史内容形成了多么完美的互补。文学艺术史也一样，这是这个学年的另一个特别科目。孩子们现在可以开始有意识地研究早年令他们本能地热爱诗歌的所有那些要素：节奏、比喻、词环、故事中的喜乐。光是考察第一个——这方面我们已经可以比前一年深入很多了——就包含多么丰富多样的美妙节奏啊。把一个国家或时代的节奏用另一个国家或时代的语言再现出来是多么不可能啊。六步格是一种品质——马修·阿诺德的《关于翻译荷马的论文》令人敬佩地展示了，没有任何其他格律具有相同的品质。北欧史诗的头韵体格律——贝奥武夫之类的——与宽广而雄伟的希腊河流比较，就是岩石阻挡下的湍流。北方和南方的区别也同样是多么显著啊：希腊人喜欢使用长段的明喻，在属性载体的细节陈述当中，人们几乎都要忘记描述对象是什么了，北欧神话则富含直截了当的、图景化的字眼：天鹅之路代表"河"，胸中库藏代表"思想"，鲸鱼之路代表"海"。孩子们会在文学形式中发现和前一年在美术中的发现一样的北方与南方的区别。拉斐尔或莱昂纳多丰富地展现了希腊式的和谐和完美，而丢勒和格吕内瓦尔德则充满了北欧的意志和直截了当。

这些都是相对明显而实际的区别，研究完这些区别之后就可以研究一些更微妙的区别：有韵文和无韵文的区别，白话和诗辞的区别，押韵诗节和双行体连续流的区别，一种歌词形式与另一种歌词形式的区别，以及不同作者写作的相同形式的诗文之间的神奇的区别。

最后一项区别自然会导向对各位浪漫主义诗人的更加深远的理解。在这类诗人当中可以观察到某种气质差异：雪莱热爱变幻多端的图像，就连他的忧伤都是多血质的；华兹华斯抑郁地怅怀过去；柯勒律治的思想充满胆汁质但却能在最终形式中那么少地显露它的痕迹；济慈本来有前途成为所有美德的集大成者，但这种集成所有美德的品质可能只能在莎士比亚身上找到了。它们会迎合不同的孩子。现代作家也不容忽视。青春期的孩子喜欢感到自己处在最新知识状态。事实上，甚至可以建议通过现代诗人来引出过去的诗人。这个时代需要的不是文学史，而是对某种体验的意识。

科学教纲主要考察地球及其构成。这是以地理为基础的，像九年级一样，还是考察地球的整体。前一年特别学习山脉的构成。现在可以扩展到气候、植被、动物分布以及主要人种。可以说地理课涵盖了所有其他科目，一定不要根据地理边界选择内容，而是要根据需要强调的重点。这个年级的重点在岩石和土壤，以及它们如何（与气候一起）影响各种生命形式。这会直接引出化学。

因为化学的核心主题是酸、碱、盐的相互关系，所以这种关系在地球当中和人类身体里都有存在。石灰石是一个很好的开端。当石灰石加热之后，它会分解为石灰和含碳气体。这两种组分之间正好呈两极对立关系。前者是固体，后者是气体。一个与水混合后会变成碱，它会消灭味道并降低意识，它会把石蕊变蓝，并且出现在人的头部和植物的根部。另一种与水混合后会变成酸，它会刺激舌头并提高意识水平，它会把石蕊变红，并且存在于植物的果实和人类的消化器官当中。燃烧一种简单物质，例如稻草，也会产生相同的两极对立，气体会是酸性的，灰烬会是碱性的。这和人体之间可以找到许多联系和相似之处。

石灰质的山脉正是由有机的燃烧过程形成的，岩石里的许多化石见证着它们的来源，我们会发现它的形状较圆，和我们的骨骼的特征相似。硅质的山脉里面没有任何化石，并且具有非常不同的来源，它会呈现尖锐、清晰的形状和尖尖的山峰。硅存在于人的纤细的头发里，在鸟类是存在于精细的羽毛当中。硅质山脉当中的溪水形成瀑布和湍流，像是从鸭子的后背冲刷下来，而石灰质的山脉则会把水吸收到秘密的地下岩洞当中，就像骨骼里面的骨髓。

石灰石溶于酸，硅溶于碱。铝——黏土和板岩土壤——在二者当中都能溶解。这样我们就发现，地球上的三大类土壤构成了对立的两极和一个中介。我们也不要忘了，这三种物质的化学性质的发现是建设人类文明的基础。生石灰用于建筑，黏土用于陶艺，硅用来生产玻璃——这三种东西，结合一些更罕见的金属的应用，是早期最重要的化学发现，而且即便在今天看来可能仍然是最重要的。

还有很多可补充的内容，但目的只有一条，就是指示出某些特征性思想在各个生活领域当中得以实现的方式，从而把它们联系起来。许多化学结合只有在水里才能发生，这是一条化学公理。火会造成分裂，水会造成结合。火会把盐分解成碱和酸，而当二者在水里相遇的时候，又会重新生成盐。人类在激情和毅力作用下把知识分割成各种"学科"。但各个学科背后存在着那些伟大的联合的思想和原则，它们的功能就像水一样，具有结合的作用。要想在任何给定领域发展出这些思想，都会需要一本课本、一位专家。但只有当这些专家有共同的思想和理念的时候，他们的教学才能产生最有益的效果。青春期孩子们都带有不确定性，自己内部就有这种分化。这就更需要一个来自外面的实现联合的影响。

最后还必须说一说数学科学。数学能力是独特的，因为它成熟得早。据评论，伟大的数学家们对这门学科的重要贡献常常都是在三十岁以前做出的。因此青春期阶段学生当中数学能力方面的差异会比其他学科更突出。正是因为这个原因，在这个年龄上，数学常常被放弃，只有最有能力的学生才会继续学。令人惊奇的是，一个人需要多么少的数学知识就能成功度过人生，即便在数学的时代。

这种政策隐藏了一个巨大危险。那些数学物理学家成了新时代的教皇。他们分享着一个私密的知识，几乎像神秘教派一样，从这些知识里，他们不仅实现了革命性的发明，而且还产生出了甚至更具有革命性的、他们自己关于物质和生命特性的观点。因此，一定要让尽可能多的人拥有至少足够的数学知识去理解那些数学物理学家的工作，不论在原子领域还是在宏观的领域。在本质的、理论性内容和生活中实践应用这两个对立的两极之间，可能没有比数学更有价值的科目了。

因此，华德福学校数学教纲就进入了一个通常的学校不会开放的领域，并且从一个不同的观点出发来教这个科目。算数，比如说，会进展到研究超越数。三角学从圆开始，从 $\pi$ 的确定问题开始，先讲阿基米德对这个值的测定。要讲对数，但会强调它们描述大自然当中各种生长力量的功能。因为对数会出现在藻类的生长、细菌的培养、海螺的螺旋、耳蜗等等现象当中。但生长过程中对数的底数不是通常为实践计算而采用的 10，而是超越数 $e$。在这个数字上我们可以看到，大自然的工作当中有一些无法用尘世的术语来表达的东西。就好像某种无限的东西进入了有限的尘世的世界。

类似地，几何方面重点放在圆锥曲线上，可以通过多种方式来展示。但有一项特别的研究是从椭圆经抛物线到双曲线的形状转化。椭圆在有限空间内有两个焦点，因此覆盖的是有限的区域。但如果其中一个焦点沿轴移动到无穷远，那么得到的曲线就是抛物线。如果这个运动继续下去，那个焦点经过无穷远从相反的方向回归，那么就会产生出第三种曲线，双曲线，它呈现为两个部分，但在几何的意义上它是一个曲线，它的两对手臂就好像在无穷远的地方相握在一起。因此它是封闭的，不是在有限的区域里，而是在一个无限的区域里。

这种把思想从有限传递到无穷的可能对青春期孩子的思维来说具有宝贵的价值。那"牢房里的影子"正沉重地朝他们笼罩过来，他们面临着永远失去童年的天堂的危险。为了能够利用那新的思想的武器来突破监狱的墙壁，就要利用无穷远的概念来思考，而同时又能把无穷远和空间与视觉联系起来，这就像一种精神的呼吸。

物质主义的悲剧在于，它甚至不明白尘世的呼吸。要通过精神来理解物质，这是人的思维必须追求的高度。而随着思维能力的降临，青少年也能瞥见那遥远的高度了。

# 第 20 章　高中十一和十二年级

在十一和十二年级，从当前的大学入学条件来看，大部分国家的高校和职校都不可避免地要求分科。然而华德福学校却努力保留着慷慨的完整教育，并把它当作专门化学科生长的土壤。只有这种完整教育才能满足学生们正在成熟的年龄的特别需要。分科学习的形式和内容不是出于学生，而是出于它们的科目内容本身。

假如这个年龄的年轻人过度专业化，那将是特别不幸的事情。对现代的专家来说，尤其是在科学方面，他们主要关心的问题是如何？自然科学不会假装能够告诉我们电是什么，光是什么，或重力是什么，或者它们有什么含义；它仅仅告诉我们它们如何作用。即便人文领域的专家也已经越来越多地把科学领域的那个如何纳入自己的研究当中。这个如何正是那些较年轻的青春期少年主要感兴趣的问题。但随着他们年纪增长，他们无可避免地会问自己另一个问题：这个世界是什么，以及置身其中的我又是什么？总的来说，他们的教育继续只能回答如何？而他们已经开始问是什么？

因此就不仅仅是给孩子们提供一个世界图景作为全部学校生活的总结的问题，尽管这个问题也很重要。他们至少应该能够瞥到一眼理解世界是什么的可能性。这个年龄阶段，那种理解对这个年龄阶段来说可能还无法深入。然而，除非在这个关键时刻把那个帘子略微拉开一点，否则它可能很容易硬化成铁幕，那样的话，他们成年以后可能整个一生都会认为那些终极的问题是无法解答的，或者转而依赖一种他们自己的有意识的思维和推理所无法支持或证明的信仰。

还是那样，关于华德福学校努力实现的那种教育体验，在一部一般化的著作当中只能给出几项指导。问题的核心可能最明显地体现在针对历史和文学的一个主要方式上。

现代思维总的来说，最难以接受的是基督教逐渐渗透西方世界的那个历史时代。我们明白（或自以为明白）苏格拉底学派和柏拉图学派思想信条的主张，但我们却被教会的先父们搞糊涂了，他们关于信条的尖刻的分歧在我们看来极其虚假。我们能接受罗马人"mens sana in corpore sano"

("健康的思维住在健康的身体里")的理念，那些隐修士和苦修士的苦行和肉体伤害令我们反感。那个取得了伟大公共成就的理性社会和有组织的政府制度消失了，之后崛起了一个轻信奇迹并且充满迷信的宗教，这种崛起至今对西方知识分子来说（就像吉本认为的那样）仍然是一种可憎的奇观。

然而，它的确是整个历史当中的一个独一无二的阶段。因为这个阶段产生于被鲁道夫·施泰纳的哲学视为全部历史的中心的一个事件，正是在这个阶段，人类获得了一个全新的冲动。基督教早期几个世纪的酝酿是一种生命的酝酿，在那个年代，思维的形式和意志的冲动（如汤因比教授指出的那样）尚且太僵死，无法深思熟虑罗马帝国的扩张所激起的那些社会和精神问题。即便从外部来看，它也是转化的时间。组织的权力从一个庞大的帝国转移到了一个庞大的教会。在罗马共和国的日子里，大将军们会雄赳赳气昂昂地从罗马的大门行进出发，去迎战入侵的高卢人或从阿尔卑斯山要塞涌入的日耳曼人。是一位教皇，身着代表精神力量的祭服，阻止了匈奴人的前进并缓解了汪达尔人的侵扰。角斗士消失了，他唯一的意义是教导罗马的青年如何为自己的国家而死。他经过了转化，又作为骑士出现，献身给自己的国王、自己的女士或自己的宗教。那个圣子（曾经在圣父的意志下经历死亡）成为神本身的崇高形象。因为这个年龄的秘密是外在变成内在，词语变成血肉。

即便在外部表现当中，生活也在努力表达一种内在认识到的理想。在封建系统背后，精神的手臂从世俗里伸出与之分离，每天经历圣餐转化般的神迹，冥思式、宗教式生活的组织，对精神庇所的共同的忠诚，那骑士的誓言——这种精神理想对日常实践的如此深刻的贯穿，在之前的各种文明中从来没有出现过。这已经不再是外在仪式的问题——异教中从来不缺少那些仪式，而是一种构形的原则正在从里面发挥作用。这种内在构形原则的作用在圣餐转化当中得到了最高级的表达，如果没有这种表达的话，早期基督教运动是无法想象的。当这种圣餐转化的信仰消失的时候，一个文明也随它消失了。

光是这些就足够值得我们研究这段神奇的历史了，这种研究可以让我们冷静地提出那些关于世界的本性和人生的意义之类的问题，这些问题正在搅动着这个年龄的青少年的情感和思维。

但还不仅如此。伴随着那个以罗马形式的教会的外部发展，还有一个更深刻的、更精神性的基督教冲动，这个冲动在传奇故事、诗辞和歌曲中都有表现。在所有人类思维创作的作品当中，没有比亚瑟王和圣杯的传奇故事更充满精神之光、更能体现所谓"内在世界"的基础的了。十一年级孩子们的注意力就是要特别地放在这些方面。

圆桌之所以是圆的，是因为它是诸天的模型，而圆桌骑士则从尘世的团体被提升成为属天的团体。加雷斯爵士，那位厨房骑士，把他的女士丽奈特的嘲讽在他身上激起的愤怒转化成了和她的敌人作战时的英勇。但不仅如此：他最初只是一个负责给炉子填煤的帮厨，而他的绰号美手公也来自对他的黑手的嘲讽。当他被允许探险之后，他先是战胜了一位黑骑士，然后一位绿骑士，然后一位红骑士，然后一位蓝骑士。最后他自己的盔甲就依次装点了所有颜色，最后像纯粹的水晶一样耀眼。这是一个炼金术的故事。黑色的碳经过了色彩的领域成为透明的钻石，正如那骑士丰富并精神化自己的精神。因为真正的炼金师，正如卡尔·荣格在《心理学和炼金术》当中展示的那样，关心的是道德的转化，它是物质转化的必要条件和结果。

特别是，那个圣杯骑士在寻求那种转化，以便能够直接拥有那种精神力量，那种哪怕是弥撒仪式的主持者也只能作为它的活的象征的那种精神力量。有趣的是，不同的骑士都通过不同的品质获得了，或努力去获得，那个圣杯：兰斯洛特，他是那勇气与意志的骑士，但在事迹方面也遭遇了悲剧的失败；高文爵士是用他的礼貌与温和；珀西瓦里爵士不得不学会提出问题并践行有意识的道路；加拉哈德爵士的人品让他在他父亲兰斯洛特跌倒的地方保持正直。有许多不同的道路——来自不同的传统和国家——都能引向圣杯，但所有这些骑士们的目标是实现一种新的圣餐分赐，这种圣餐分赐不能在任何已有的团体当中建立起来——甚至连圆桌都不行。反之，那种圣餐分赐必须通过个人的孤独的努力才能赢得。我们可以第一次瞥到那种终极的团体，它应该完全以成员个人的自由为基础。那些传奇故事所能解读出来的意义实在是再深刻不过了。

但是不应该让这些传说漂泊在遥远的意识海洋里，就像中国画里的一个小岛一样。例如，人类与物质之间的关系是一切经济学的基本研究对象。地上的物质如何在人类当中分配，并根据人和物质的什么样的观点来进行？各种社会的经济目的和经济理想都反映了他们在这些问题方面的思想，或无思想。圣殿骑士的金融组织表现了关于人类和世界的一种观点，19世纪的放任型又是一种，社会主义的公有制是第三种。亚当·斯密主张，在道德问题方面，人们都是自然而然地、恰当地无私的；而在经济事务方面，同样自然而然而又恰当地，他们会追求自己的自我利益。如今的社会当中有没有不同原则主宰的领域，就像中世纪时代的精神领域和世俗领域那样？并且假如有的话，它们与个人的生活之间的关系是什么样的？

年轻人内心里渴望看到社会能够反映出高级的理想，或者哪怕仅仅是潜在的反映。因此提出各种社会和经济问题是很重要的，不是作为一个孤立的领域，而是站在人类的精神的最高级表达的立场上。我们如今对我们的邻居以及整个地球都负有前所未有的责任。年轻人不仅需要，而且渴望觉知到这种责任。

除了这个宏大的主题之外，实际上作为这个主题的延伸，孩子们现在就可以接受他们本国的文学和历史了，而在此之前，这些内容会超出他们的领会水平。一方面，18世纪那种精心修饰、简短风趣的风格会让他们着迷，让他们能尝到那个贵族主义时代的优雅的味道。另一方面，他们也会理解浪漫主义对这种形式主义的反叛的深度，以及浪漫主义诗人们追求人和自然里面的精神的那种充满激情的方式。但这方面应该有一个对欧洲的体验作为背景。现在孩子们就可以开始能够欣赏莎士比亚那些伟大的、核心的戏剧了,《哈姆雷特》《李尔王》或《麦克白》。并且可以比较莎士比亚和法国或德国的剧作家。弥尔顿,他的《失乐园》写作于新时代的开端,但却深深地扎根于老的时代,与但丁形成对比。如果不参考德国的浪漫主义,尤其是歌德达到的巅峰,就很难理解英国的浪漫主义运动和美国的超验主义者。这方面应该和外语老师密切合作,因为这个阶段孩子们在外语课当中也在阅读一些伟大著作,并且或许在演出《浮士德》的一部分,或莫里哀的一出戏剧。

伴随这些,还有针对最内向的艺术——音乐的发展的特别学习。现代时代最显著的现象莫过于音乐天才的遍地开花了,可以说,这和自然科学方面的发展同样定义了这个时代的特征。如今人类在精神方面的努力在音乐体验中得到了最强烈的表达。熟悉了音乐的孩子们现在应该了解历史的和美学的背景。

十二年级还应该介绍托尔斯泰、陀思妥耶夫斯基和易卜生,他们对西方的影响是那么深远。那些俄罗斯小说家和 19 世纪那些英格兰著名作家狄更斯、萨克雷、哈代、梅瑞狄斯等形成鲜明的对比。俄罗斯小说人物那种内在的斗争和饱受折磨的精神生命在英国小说里实在是找不到的。维克多·雨果的世界又是多么不同。一个民族的特征会在他们的小说里清晰透彻地呈现出来。通过不同民族之间的反差和比较,我们就可以理解,在人类的天性中存在着无穷的多样性和难以名状的丰富。年轻人现在对人感到的神奇赞叹应该相当于小时候对世界感到的全部的神奇赞叹。又回到了那句话上,"奇迹有很多,但没有比人更神奇的。"

到这个时候,那些对文学更感兴趣的孩子们可以成立俱乐部,并邀请外部的人和老师来做分享,讨论各种主题,这些主题无疑也包括当代作家。并不是所有孩子的兴趣都能培养到这个深度,但那通往文学王国的钥匙可以交到所有人的手里。有必要严格挑选,但目的应该是通过具体的例子打开愿景并激发兴趣,让它们将来能伴随孩子们年龄的增长而成长。

在历史学习方面,假如十一年级已经讲了基督教早期几个世纪和中世纪的发展的话，那么十二年级的重点就应放在对历史进行整体的检视和回顾。这个过程当中重要的不是按时间顺序进行复习，而是通过检视历史来寻找一些根本问题的答案。可以联系古代和现代的哲学家们提出一个问题，历史到底有没有形式和意义。孩子们应该知道，比如说，斯宾格勒提出的文明生命的有机理论，以及汤因比的建立在挑战与应答过程基础上的现代观点。发展是仅限于某个给定的文明内部吗？还是人类的发展会从一个文明到下一个文明，即便看不出任何直接的影响？有些文明，例如希腊文明，似乎有一个开端（荷马时代）、一个中段（伯里克利时代）和一个结尾（亚历山大和亚里士多德时代）。其他的文明，像中国，从来都没结束过。美国的文明则没有开端。这些区别意味着什么？在这些问题的光照下，通过反差和比较，可以检视整个历史。

曾几何时，人们可以仅仅生活在自己的国家和民族的历史当中，尽管西方各种最好的教育传统对此一直是反对的。无论如何那个时代都已经一去不复返了。不仅恒河已经流入了泰晤士河，黄河已经流入了波多马克河，莱茵河流入了密西西比河，而且七大洋也已经成了一个海洋。最遥远的过去和紧迫的未来在以一种前所未有的力量一起闯入现在。每个人都扎根在整个地球上，而全世界的风会吹动每个人的思维的枝条。

华德福学校最高的这两个年级的科学教学的图景甚至比文科更难描述。可以非常简要地说，它有两个目标：对现代科学的各种成就（以及局限）做一个清晰的介绍，并且展示针对那个现象的世界的一些其他的可能方式，这些方式可能给出宇宙的不同的图景。鲁道夫·施泰纳本人就高度地参与到各个科学领域的工作当中，为这些领域引出新的方法和新的思维角度，而他的一些意图已经实现了。华德福学校的目的不是教给孩子施泰纳的或任何其他人的哲学，但它们的目的绝对包括让孩子们熟悉现代世界提供的一切，并且从而在思维方面实现最大程度的自由。尽管各个领先的科学家频繁地拒绝为科学背书（他们不经意的情况下说的话有时会反对他们自己），认为科学理论只不过是可供使用的最佳的假说，然而科学的许多理论假设还是常常被当作事实接受并讲授，完全像它们的实践应用一样对待。

华德福学校以更加历史学的方式来讲授科学，从而尽量避免这种错误。开局策略不是"科学告诉我们"，而是"这位科学家在研究这些假设，他在这样的条件下，在这个时间，根据这个假说，努力对这些现象进行了这样的解释"。这听起来烦琐得多，它本身也没那么简单，但从长远来看这是最佳的方式。因此在孩子毕业之前，作为当代生活的一部分，应该让他们了解鲁道夫·施泰纳的一些科学思想及其基础，这是完全符合逻辑的。由于如今物理是公众特别重视的一个科目，所以或许应该先拿它来展示华德福学校在科学方面的双重目的。

九年级和十年级物理教学主要限于日常体验的实质世界。热机利用的是学生熟悉的水元素，正向古老的水车一样。或许那古老的蒸汽机正因为拥有某种元素的生命，才仍然让男孩们那么着迷。与内燃机或电动机相比，它是个具有生命的东西：它会呼吸，会齁叫，会出汗，会说出节奏化的言语。电话和电报也需要在风中歌唱的电线，或海底电缆。在所有这些东西里面我们仍然还能感受到感觉的世界。但十一年级会学习现代电学的发展。孩子们应该了解这个神秘的、不可见的亚-物质力量在关于物质特性的现代观点的形成当中所扮演的角色，在现代观点当中，物质的所有假定的、广为接受的属性最终都消失了。应该先明白这一点，然后再开始研究那些没有移动部件的机器——雷达、收音机、电视机——这些都是 20 世纪的标志性装备，就像 17 世纪的望远镜和显微镜一样。

电和光的现代理论关系密切。正是 19 世纪末，麦克斯韦展示了，电磁电荷在以太当中会造成扰动，这种扰动产生出来的波会以光速传播，从而得出结论，光是电磁力量穿过以太的通道。现在那个以太没有了，而那个波也变成了数学概率的波。但是在牛顿的关于光与色的机械式理论中，那个过程的第一步开始了，这就给眼睛，或者说大脑，带来了一个任务，需要从给定物体发出的那些以太的波或小体（牛顿盘旋在这两种理论之间）创造出色彩的体验。很快人们就发现了牛顿的理论无法解释的一些事实，例如冰岛方解石的双重折射。但牛顿在寻找光与色的机械式基础的研究被后来的科学家们接受并继续了下去。

有一个例外——德国诗人歌德。罕为人知的是，他不仅是诗歌和文学方面的巨匠，而且在科学实验研究方面也做出了同样巨大的贡献。歌德研究的重要之处在于，他不接受那种认为终级的现实必须用可计量、可测量或可称量的东西来考察的普遍观点。而在他那个时代，那种对现实的机械的、物质的理解方式是成功的、无人挑战的。没有任何心理学家猜想过人的里面任何地方还有一种无意识；没有任何数学物理学家曾经驱散外在物质的所有那些感觉-图景，粉碎牛顿关于空间和时间的概念，并且把那古老的可靠的世界一半地替换到观察者的头脑里。此前很久，歌德就否认数字、测量和称量的世界是终极的现实。他不接受洛克的理论所认为的事物的主要属性是我们的各种感觉为我们呈现的它的数学关系，其他所有一切都是第二性的。对他来说，玫瑰的色彩和它的各种数学关系是同等真实的。他把可见的色彩当作"终极的现象"，并且他对探索它们的行为法则很感兴趣。色彩是在什么样的自然条件下出现的呢？一种颜色如何影响到另一种颜色呢？有没有主导的颜色？眼睛如何以及为什么会创造并接收颜色呢？这些是他研究的部分问题，他的研究得出了宝贵的成果。比他的成果更重要的是，他没有把物质世界当作人的思维以外的某种东西冷漠地对待，就像科学家们会做的那样。他认为思维与世界是合一的：既可以说眼睛创造了光，也可以说光创造了眼睛。一个人在参与自然的过程中，并不仅仅是作为自然的物质的部分，而且也是处在理解她的过程当中。而某种意义上，通过人的欣赏，自然也得到了圆满和完成。

歌德并不仅仅是在色彩理论方面应用了他的独特方法。他在植物学和动物学方面的研究也同样卓有成果。然而，在色彩理论当中可以无比清晰地看到这两种理论的界线，一种是把个人从现象孤立开来的数学式理论，一种是歌德的观点，他追求的是自然里面的人和人里面的自然。而恰恰在这方面，鲁道夫·施泰纳本人和他的追随者进一步发展了歌德的观点，超越了时代给歌德造成的一些局限。这样，孩子们一方面会学习现代理论，认为我们所说的光是一种主观体验，而光实际上是一种电学的或者数学的现象；另一方面，他们也应该了解另一种观点，这种观点把光看作一种客观的现实，而且甚至正好反过来，说不是光衍生于电，而是电是"死亡的"光。对光的这种理解方式需要某种艺术分辨力。这个主题本身就需要一整部书来论述。[1]但这里必须强调一条总体原则，那就是不能仅仅用照相机一样的眼睛，而且还要用创造性的眼睛去看现象。

可以用生物界的类似的例子来展示这种方式。十一年级植物学会发展到学习细胞，这时候他们已经学了光合作用以及植物与光的关系。孩子们将了解到，鞭毛藻之类的单细胞生物完全是自我完整的。下一个阶段是一些细胞联合到一起，然而各自又都继续着独立的生命。之后随着进一步发展，细胞之间开始有了分化，首先有了简单的性细胞，然后又分化出机体不同部位对应的各种复杂功能。这是宇宙在微观上的呈现——一个小宇宙。它的适应性带来了极强的生存能力。它本身没有一个固有的理由让它有必要进行进一步的演进。当自然界让它分化的时候，这种分化是由它外面的某种力量促成的，并且演进是从整体到部分进行的。为了形成一个新的创造，每个细胞都必须牺牲自己的一部分完整性。

在细胞里我们也可以看到植物和动物之间已经表现出来的那种根本差异。单细胞动物，和更高级的动物一样，为了生存，必须毁灭。它也拥有最强的生存力。假如进化是朝向适者生存的方向发展的话，那么所有的动物就都会朝着单细胞的情况发展，或者根本从来都不会离开那个理想的状态！

人们正是从那样一种观点出发去考察神奇复杂的细胞结构的。新一代人应该既能够做形态学的思考，也能做原子论的思考。根本上讲，现代思维被束缚在了两种替代方案之间，事物要么是独立于意识存在的感觉-知觉对象，要么仅仅是头脑里的想法。的确，一些现代物理学家已经开始承认思想也是客观现实，但这仅限于数学的领域。对歌德（和施泰纳）来说，还有一个思维可以感知的、创造性的、形状的客观世界，这一点是不证自明的。孩子们如果受过艺术教育，并且保留并培养了图景想象力的话，就会特别擅长以形态学的方式掌握现象。

学习细胞是那种思维的准备，条件是要采用先整体后局部的方式进行学习。但是施泰纳为最后的一个年级保留了一个特别的科目，在这个科目当中，形态学思维在已知数据的解读方面实现了最直接的惊人前进。这就是动物学。

十二年级要考察动物学，包括动物形体的演进。从高等动物的地质记录来看，智人是很晚才出现的，这是一个巨大的谜，尽管人类祖先最早出现的推测时间一直在向更早的方向推移。而当他的确出现的时候，用一位地质学家的话来说，"从地质的角度来看，人就带着所有人类的特征——人的牙齿，直立行走，大型的脑。"对那些只会从物质的角度思考问题的人来说，这是一个谜，因为他们会认为更完美的形状必须是从较不完美的形状进化来的。而对于能够进行形态学思维的人来说，这就不是谜，因为他会认为某个理想的形状只能逐渐地在物质的世界里实现自己。

从施泰纳的观点来看，这是对"岩石的记录"的真正的解读。较高级的动物都是"最终的形状"：他们都已经完成了某个有限的方向上的专门化的演进。因此人就不可能从它们或者任何像它们一样的东西演进出来。而是恰恰相反，它们可能——并且事实上的确是——从理想的人的形状演化而来，想象它已经以非物质状态存在，而各种动物则已经降入了物质世界当中。这种解释实在是能说明所有已知的进化事实。接受这种观点的障碍不是在它们里面，而是在于现代思维的局限。而有一种新的教育可以帮助新一代人克服那些局限。

自然科学发现的各种事实最神奇的领域莫过于动物学。但不能因为这个原因就把它们的解读局限在主流的科学观点之内。任何完善的教育都应该考虑到所有的解读方式，并且尤其要敏锐感觉思维和情感的那些变化，以便能够在如今风云变幻的思潮当中听到它们的低语。

施泰纳保留给十二年级教学的最后封印是建筑艺术的研究。因为建筑的终极秘密在于，它是从人的身体当中提取出来的。身体就是一座房屋、一座神庙，并且它是那一切形状和比例的源泉。要像住在神庙里一样住在身体里——这就是华德福学校在把孩子们送向世界的时候想要送给他们的终极的礼物。

注：

① 这样的书现在已经有了，阿瑟·萨乔克著，《抓住那光：光与思维的纠缠的历史》（纽约：Bantam，1993）。

——编者注

# 译后记

从第一次接触华德福到现在，刚好八年。这八年里，参与了华德福各种培训课程的翻译，从幼师到高中，从人智学到美术、音乐，以及各个科目。

这时候接手柯祥河老师介绍的、天使在线支持的《童年密码：从理论到实践，探看华德福教育》一书的翻译任务，恰好是对自己八年华德福翻译工作的完美总结。通读全书，像是享受一场盛宴。简而言之，系统、全面、深刻。从幼儿园到高中，从理论到实践，从主课到艺术，面面俱到，而且间或迸发出令人意想不到的灵感火花，不论对入门者还是资深人士，这都是一本宝贵的参考书。

面对华德福教育，心中充满无限惆怅，为自己小时候没有能够接受华德福教育而遗憾。

四五岁的时候，父亲拿来一个小黑板，晚饭后在黑板上列出一些算术题，不外乎是十以内的加减法。笔者仍然深深地记得，昏暗的灯光里，自己站在小黑板前那种无助和焦虑。学了华德福之后才联想到，自己对数学的糟糕的感觉会不会和那段经历有关？

笔者对数字实在没感觉。大学里高等数学补考，概率论与数理统计第二次补考才过，这个二补实在是给笔者四年的大学生活带来了很大压力，因为二补是毕业前才考的，要是不过就没有毕业证。

给 Kathy 翻译的时候，她伸出手掌用英语说，"我们都有五个手指头。"笔者伸出手掌用中文说，"我们都有四个手指头。"读者会以为笔者辛普森看得太多了，其实真是因为对数字没感觉。玩了十年的飞镖，每每把五百以内的减法做错，少算了客队的分被人指出，非常尴尬。

笔者一直以为数学本就是枯燥的。直到接触了华德福的数学课，才知道数学可以那么丰富多彩、激动人心，从有趣的节奏游戏，到神奇美妙的几何绘图、透视线画。最令人向往的是 Lisa 的分数课。按照她的教导，分数课就是各种各样的吃，分苹果、分披萨、分蛋糕、分胡萝卜、分饼干、分面包，等等，最后吃掉，而分数模块结束的庆祝活动更离不开吃，而且学生们要自己烹制精美的糕点，并且还要运用分数进行配方计算！试想，像笔者这样的饮食爱好者，假如当初通过这种方式来学数学的话，现在可能早成数学家了。

而且华德福教学都是联系实际的，"落地"的——用圈子里的话说。数学里面也有商务计算的部分，比如利率的计算，这样孩子们就能把数学和自己的日常生活联系起来，并且能够胜任未来生活、工作的实践要求。不仅如此，老师还通过故事的形式让孩子们理解，在生活的各个方面，每个人的工作都是在为别人服务，而每个人的需要也都是由别人的工作来满足的，这样就在孩子对商业的最初的理解中注入了博爱和兄弟情谊的品质，从而避免形成自私的、世俗的商业观。事实上，当笔者在翻译中第一次听到这样的故事的时候，实在是感动到落泪。感动之后，又深深地震惊，这么多年来，自己居然都没有认识到这么一个明显而深刻的事实，而是一直把商业看作一个肮脏的、堕落的领域。笔者觉得，单从这一点来看，华德福教育就有着至关重要的意义。

而相对于华德福教育的全部好处来说，这一点只不过是九牛一毛。

华德福教育最好的地方是，它让孩子喜欢上学。笔者当初既然能考上大学，也属于学习好的了。但笔者从来没喜欢上学过，从来都是盼着放假。而很多华德福孩子都喜欢上学，并且他们都富有创造力，善于学习。这说明，第一，他们爱学习；第二，学校的学习环境和社交环境很健康。

学习的兴趣最重要。

施泰纳博士说，一切学习都是自我学习。假如没有兴趣，再强力的灌输都没有意义，只能让学生更加厌恶学习。传统的教育方式恰恰就是灌输信息。而当今现实出现了两个显著变化，一是信息爆炸，信息量呈指数级数增长，根本灌输不过来；二是学习资料、器材、装备日益变得廉价而普及，只要想学，信手就能找到教材，不论什么科目，从家常烹饪到原子弹制作。在这两个变化影响下，学习的兴趣和能力就变得越发重要：有这个兴趣和能力，就可以不断学习，人就会不断成长；没这个兴趣和能力，人就会停滞不前甚至不进而退。天长日久，这两种人之间会形成多大的差距？不堪设想。

所以笔者认为，从灌输信息到培养兴趣和能力的转变，是中国教育亟需实现的迫切转变，而在这方面，华德福教育肩负着重要的使命。

这些年来，眼见着华德福教育在中国的迅速而稳步地发展，颇感欣慰。全国各地华德福幼儿园如雨后春笋，华德福小学也越来越多，而且好几个城市都开始或正在筹备高中。教师培训中心越来越多，培训课程也越来越丰富。笔者能够参与到这个运动当中，并且贡献一点菲薄之力，由衷感到自豪和幸运。

笔者也由衷地热爱华德福社区里的每一个人，他们超越了血缘关系，超越了个人和家庭，也超越了群体的利益，在一个共同的崇高理想的引导下走到了一起，形成了一个光明、温暖而又开放的社区。笔者常说，我们处在历史发展的最前沿，我们代表着新的意识，我们肩负着重要的使命，并且在这个使命当中，全世界的华德福都是一体的，而且不仅华德福——正如 Ben 爷爷说的那样——全世界所有向善的人都是一体的，只要想一想他们，就能获得那合一的力量。

我爱你们！

温　鹏

2018 年 9 月 17 日

## 致 谢

本书由天使在线组织翻译和策划出版,并得到了米林研究所(The Myrin Institute)的财政支持,在此表示感谢!